全面推进依法治国　党员干部学习必读

依法治国新举措

本书编写组◎编

YI FA ZHI GUO
XIN JU CUO

新华出版社

图书在版编目（CIP）数据

依法治国新举措/《依法治国新举措》编写组编
北京：新华出版社，2015.3
ISBN 978－7－5166－1550－8
Ⅰ.①依…　Ⅱ.①依…　Ⅲ.①社会主义法制—建设—中国—干部教育—学习参考资料　Ⅳ.①D920.0
中国版本图书馆 CIP 数据核字（2015）第 043092 号

依法治国新举措
编　　者： 本书编写组

出 版 人： 张百新　　**选题策划：** 黄春峰
责任编辑： 赵怀志　沈文娟　江文军　　**封面设计：** 图鸦文化
责任印制： 廖成华　　**责任校对：** 刘保利

出版发行： 新华出版社
地　　址： 北京石景山区京原路 8 号　　**邮　　编：** 100040
网　　址： http：//www.xinhuapub.com　http：//press.xinhuanet.com
经　　销： 新华书店
购书热线： 010－63077122　　**中国新闻书店购书热线：** 010－63072012

照　　排： 新华出版社照排中心
印　　刷： 北京文林印务有限公司

成品尺寸： 170mm×240mm　　**印　　数：** 5001—7500 册
印　　张： 17　　**字　　数：** 180 千字
版　　次： 2015 年 4 月第一版　　**印　　次：** 2017 年 1 月第二次印刷

书　　号： ISBN 978－7－5166－1550－8
定　　价： 29.00 元

图书如有印装问题，请与出版社联系调换：010－63077101

加快建设社会主义法治国家

坚定不移走中国特色社会主义法治道路

全面推进依法治国，必须走对路。如果路走错了，南辕北辙了，那再提什么要求和举措也都没有意义了。全会决定有一条贯穿全篇的红线，这就是坚持和拓展中国特色社会主义法治道路。中国特色社会主义法治道路是一个管总的东西。具体讲我国法治建设的成就，大大小小可以列举出十几条、几十条，但归结起来就是开辟了中国特色社会主义法治道路这一条。

恩格斯说过："一个新的纲领毕竟总是一面公开树立起来的旗帜，而外界就根据它来判断这个党。"推进任何一项工作，只要我们党旗帜鲜明了，全党都行动起来了，全社会就会跟着走。一个政党执政，最怕的是在重大问题上态度不坚定，结果社会上对有关问题沸沸扬扬、莫衷一是，别有用心的人趁机煽风点火、蛊惑搅和，最终没有不出事的！所以，道路问题不能含糊，必须向全社会释放正确而又明确的信号。

这次全会部署全面推进依法治国，是我们党在治国理政上的自我完善、自我提高，不是在别人压力下做的。在坚持和拓展中国特色社会主义法治道路这个根本问题上，我们要树立自信、保持定力。走中国特色社会主义法治道路是一个重大课题，有许多东西需要深入探索，但基本的东西必须长期坚持。

第一，必须坚持中国共产党的领导。党的领导是中国特色社会主义最本质的特征，是社会主义法治最根本的保证。坚持中国特色社会主义法治道路，最根本的是坚持中国共产党的领导。依法治国是我们党提出来的，把依法治国上升为党领导人民治理国家的基本方略也是我们党提出来的，而且党一直带领人民在实践中推进依法治国。全面推进依法治国，要有利于加强和改善党的领导，有利于巩固党的执政地位、完成党的执政使命，决不是要削弱党的领导。

坚持党的领导，是社会主义法治的根本要求，是全面推进依法治国题中应有之义。要把党的领导贯彻到依法治国全过程和各方面，坚持党的领导、人民当家作主、依法治国有机统一。只有在党的领导下依法治国、厉行法治，人民当家作主才能充分实现，国家和社会生活法治化才能有序推进。

坚持党的领导，不是一句空的口号，必须具体体现在党领导立法、保证执法、支持司法、带头守法上。一方面，要坚持党总揽全局、协调各方的领导核心作用，统筹依法治国各领域工作，确保党的主张贯彻到依法治国全过程和各方面。另一方面，要改善党对依法治国的领导，不断提高党领导依法治国的能力和水平。党既要坚持依法治国、依法执政，自觉在宪法法律范围内活动，又要发挥好各级党组织和广大党员、干部在依法治国中的政治核心作用和先锋模范作用。

第二，必须坚持人民主体地位。我国社会主义制度保证了人民当家作主的主体地位，也保证了人民在全面推进依法治国中的主体地位。这是我们的制度优势，也是中国特色社会主义法治区别于资本主义法治的根本所在。

坚持人民主体地位，必须坚持法治为了人民、依靠人民、造福人民、保护人民。要保证人民在党的领导下，依照法律规定，通过各种途径和形式管理国家事务，管理经济和文化事业，管理社会事务。要把体现人民利益、反映人民愿望、维护人民权益、增进人民福祉落实到依法治国全过程，使法律及其实施充分体现人民意志。

人民权益要靠法律保障，法律权威要靠人民维护。要充分调动人民群众投身依法治国实践的积极性和主动性，使全体人民都成为社会主义法治的忠实崇尚者、自觉遵守者、坚定捍卫者，使尊法、信法、守法、用法、护法成为全体人民的共同追求。

第三，必须坚持法律面前人人平等。平等是社会主义法律的基本属性，是社会主义法治的基本要求。坚持法律面前人人平等，必须体现在立法、执法、司法、守法各个方面。任何组织和个人都必须尊重宪法法律权威，都必须在宪法法律范围内活动，都必须依照宪法法律行使权力或权利、履行职责或义务，都不得有超越宪法法律的特权。任何人违反宪法法律都要受到追究，绝不允许任何人以任何借口任何形式以言代法、以权压法、徇私枉法。

各级领导干部在推进依法治国方面肩负着重要责任。现在，一些党员、干部仍然存在人治思想和长官意识，认为依法办事条条框框多、束缚手脚，凡事都要自己说了算，根本不知道有法律存在，大搞以言代法、以权压法。这种现象不改变，依法治国就难以真正落实。必须抓住领导干部这个“关键少数”，首先解决好思想观念问题，引导各级干部深刻认识到，维护宪法法律权威就是维护党和人民共同意志的权威，捍卫宪法法律尊严就是捍卫党和人民共同意志的尊严，保证宪法法律实施就是保证党和人民共同意志的实现。

我们必须认认真真讲法治、老老实实抓法治。各级领导干部要对法律怀有敬畏之心，带头依法办事，带头遵守法律，不断提高运用法治思维和法治方式深化改革、推动发展、化解矛盾、维护稳定能力。如果在抓法治建设上喊口号、练虚功、摆花架，只是叶公好龙，并不真抓实干，短时间内可能看不出什么大的危害，一旦问题到了积重难返的地步，后果就是灾难性的。对各级领导干部，不管什么人，不管涉及谁，只要违反法律就要依法追究责任，绝不允许出现执法和司法的“空挡”。要把法治建设成效作为衡量各级领导班子和领导干部工作实绩重要内容，把能不能遵守法律、依法办事作为考察干部重要依据。

第四，必须坚持依法治国和以德治国相结合。法律是成文的道德，道德是内心的法律，法律和道德都具有规范社会行为、维护社会秩序的作用。治理国家、治理社会必须一手抓法治、一手抓德治，既重视发挥法律的规范作用，又重视发挥道德的教化作用，实现法律和道德相辅相成、法治和德治相得益彰。

发挥好法律的规范作用，必须以法治体现道德理念、强化法律对道德建设的促进作用。一方面，道德是法律的基础，只有那些合乎道德、具有深厚道德基础的法律才能为更多人所自觉遵行。另一方面，法律是道德的保障，可以通过强制性规范人们行为、惩罚违法行为来引领道德风尚。要注意把一些基本道德规范转化为法律规范，使法律法规更多体现道德理念和人文关怀，通过法律的强制力来强化道德作用、确保道德底线，推动全社会道德素质提升。

发挥好道德的教化作用，必须以道德滋养法治精神、强化道德对法治文化的支撑作用。再多再好的法律，必须转化为人们内心自觉才能真正为人们所遵行。“不知耻者，无所不为。”没有道德滋养，法治文化就缺乏源头活水，法律实施就缺乏坚实社会基础。在推进依法治国过程中，必须大力弘扬社会主义核心价值观，弘扬中华传统美德，培育社会公德、职业道德、家庭美德、个人品德，提高全民族思想道德水平，为依法治国创造良好人文环境。

第五，必须坚持从中国实际出发。走什么样的法治道路、建设什么样的法治体系，是由一个国家的基本国情决定的。“为国也，观俗立法则治，察国事本则宜。不观时俗，不察国本，则其法立而民乱，事剧而功寡。”全面推进依法治国，必须从我国实际出发，同推进国家治理体系和治理能力现代化相适应，既不能罔顾国情、超越阶段，也不能因循守旧、墨守成规。

坚持从实际出发，就是要突出中国特色、实践特色、时代特色。要总结和运用党领导人民实行法治的成功经验，围绕社会主义法治建设重大理论和实践问题，不断丰富和发展符合中国实际、具有中国特色、体现社会发展规律的社会主义法治理论，为依法治国提供理论指导和学理支撑。我们的先人们早就开始探索如何驾驭人类自身这个重大课题，春秋战国时期就有了自成体系的成文法典，汉唐时期形成了比较完备的法典。我国古代法制蕴含着十分丰富的智慧和资源，中华法系在世界几大法系中独树一帜。要注意研究我国古代法制传统和成败得失，挖掘和传承中华法律文化精华，汲取营养、择善而用。

坚持从我国实际出发，不等于关起门来搞法治。法治是人类文明的重要成果之一，法治的精髓和要旨对于各国国家治理和社会治理具有普遍意义，我们要学习借鉴世界上优秀的法治文明成果。但是，学习借鉴不等于是简单的拿来主义，必须坚持以我为主、为我所用，认真鉴别、合理吸收，不能搞“全盘西化”，不能搞“全面移植”，不能照搬照抄。

扎扎实实把全会提出的各项任务落到实处

这次全会对全面推进依法治国作出了全面部署，提出的重大举措有 180 多项，涵盖了依法治国各个方面。全党要以只争朝夕的精神和善作善成的作风，扎扎实实把全会提出的各项任务落到实处。

第一，紧紧围绕全面推进依法治国总目标，加快建设中国特色社会主义法治体系。全面推进依法治国总目标是建设中国特色社会主义法治体系，建设社会主义法治国家。这是贯穿决定全篇的一条主线，既明确了全面推进依法治国的性质和方向，又突出了全面推进依法治国的工作重点和总抓手，对全面推进依法治国具有纲举目张的意义。

依法治国各项工作都要围绕全面推进总目标来部署、来展开。法治体系是国家治理体系的骨干工程。落实全会部署，必须加快形成完备的法律规范体系、高效的法治实施体系、严密的法治监督体系、有力的法治保障体系，形成完善的党内法规体系。

“立善法于天下，则天下治；立善法于一国，则一国治。”要坚持立法先行，坚持立改废释并举，加快完善法律、行政法规、地方性法规体系，完善包括市民公约、乡规民约、行业规章、团体章程在内的社会规范体系，为全面推进依法治国提供基本遵循。要加快建设包括宪法实施和执法、司法、守法等方面的体制机制，坚持依法行政和公正司法，确保宪法法律全面有效实施。要加强党内监督、人大监督、民主监督、行政监督、司法监督、审计监督、社会监督、舆论监督，努力形成科学有效的权力运行和监督体系，增强监督合力和实效。

要完善党内法规制定体制机制，注重党内法规同国家法律的衔接和协调，构建以党章为根本、若干配套党内法规为支撑的党内法规制度体系，提高党内法规执行力。党章等党规对党员的要求比法律要求更高，党员不仅要严格遵守法律法规，而且要严格遵守党章等党规，对自己提出更高要求。

第二，准确把握全面推进依法治国工作布局，坚持依法治国、依法执政、依法行政共同推进，坚持法治国家、法治政府、法治社会一体建设。全面推进依法治国是一项庞大的系统工程，必须统筹兼顾、把握重点、整体谋划，在共同推进上着力，在一体建设上用劲。

“天下之事，不难于立法，而难于法之必行。”依法治国是我国宪法确定的治理国家的基本方略，而能不能做到依法治国，关键在于党能不能坚持依法执政，各级政府能不能依法行政。我们要增强依法执政意识，坚持以法治的理念、法治的体制、法治的程序开展工作，改进党的领导方式和执政方式，推进依法执政制度化、规范化、程序化。执法是行政机关履行政府职能、管理经济社会事务的主要方式，各级政府必须依法全面履行职能，坚持法定职责必须为、法无授权不可为，健全依法决策机制，完善执法程序，严格执法责任，做到严格规范公正文明执法。

法治国家、法治政府、法治社会三者各有侧重、相辅相成。全面推进依法治国需要全社会共同参与，需要全社会法治观念增强，必须在全社会弘扬社会主义法治精神，建设社会主义法治文化。要在全社会树立法律权威，使人民认识到法律既是保障自身权利的有力武器，也是必须遵守的行为规范，培育社会成员办事依法、遇事找法、解决问题靠法的良好环境，自觉抵制违法行为，自觉维护法治权威。

第三，准确把握全面推进依法治国重点任务，着力推进科学立法、严格执法、公正司法、全民守法。全面推进依法治国，必须从目前法治工作基本格局出发，突出重点任务，扎实有序推进。

推进科学立法，关键是完善立法体制，深入推进科学立法、民主立法，抓住提高立法质量这个关键。要优化立法职权配置，发挥人大及其常委会在立法工作中的主导作用，健全立法起草、论证、协调、审议机制，完善法律草案表决程序，增强法律法规的及时性、系统性、针对性、有效性，提高法律法规的可执行性、可操作性。要明确立法权力边界，从体制机制和工作程序上有效防止部门利益和地方保护主义法律化。要加强重点领域立法，及时反映党和国家事业发展要求、人民群众关切期待，对涉及全面深化改革、推动经济发展、完善社会治理、保障人民生活、维护国家安全的法律抓紧制订、及时修改。

推进严格执法，重点是解决执法不规范、不严格、不透明、不文明以及不作为、乱作为等突出问题。要以建设法治政府为目标，建立行政机关内部重大决策合法性审查机制，积极推行政府法律顾问制度，推进机构、职能、权限、程序、责任法定化，推进各级政府事权规范化、法律化。要全面推进政务公开，强化对行政权力的制约和监督，建立权责统一、权威高效的依法行政体制。要严格执法资质、完善执法程序，建立健全行政裁量权基准制度，确保法律公正、有效实施。

推进公正司法，要以优化司法职权配置为重点，健全司法权力分工负责、相互配合、相互制约的制度安排。各级党组织和领导干部都要旗帜鲜明支持司法机关依法独立行使职权，绝不容许利用职权干预司法。“举直错诸枉，则民服；举枉错诸直，则民不服。”司法人员要刚正不阿，勇于担当，敢于依法排除来自司法机关内部和外部的干扰，坚守公正司法的底线。要坚持以公开促公正、树公信，构建开放、动态、透明、便民的阳光司法机制，杜绝暗箱操作，坚决遏制司法腐败。

推进全民守法，必须着力增强全民法治观念。要坚持把全民普法和守法作为依法治国的长期基础性工作，采取有力措施加强法制宣传教育。要坚持法治教育从娃娃抓起，把法治教育纳入国民教育体系和精神文明创建内容，由易到难、循序渐进不断增强青少年的规则意识。要健全公民和组织守法信用记录，完善守法诚信褒奖机制和违法失信行为惩戒机制，形成守法光荣、违法可耻的社会氛围，使尊法守法成为全体人民共同追求和自觉行动。

第四，着力加强法治工作队伍建设。全面推进依法治国，建设一支德才兼备的高素质法治队伍至关重要。我国专门的法治队伍主要包括在人大和政府从事立法工作的人员，在行政机关从事执法工作的人员，在司法机关从事司法工作的人员。全面推进依法治国，首先要把这几支队伍建设好。

立法、执法、司法这 3 支队伍既有共性又有个性，都十分重要。立法是为国家定规矩、为社会定方圆的神圣工作，立法人员必须具有很高的思想政治素质，具备遵循规律、发扬民主、加强协调、凝聚共识的能力。执法是把纸面上的法律变为现实生活中活的法律的关键环节，执法人员必须忠于法律、捍卫法律，严格执法、敢于担当。司法是社会公平正义的最后一道防线，司法人员必须信仰法律、坚守法治，端稳天平、握牢法槌，铁面无私、秉公司法。要按照政治过硬、业务过硬、责任过硬、纪律过硬、作风过硬的要求，教育和引导立法、执法、司法工作者牢固树立社会主义法治理念，恪守职业道德，做到忠于党、忠于国家、忠于人民、忠于法律。

律师队伍是依法治国的一支重要力量，要大力加强律师队伍思想政治建设，把拥护中国共产党领导、拥护社会主义法治作为律师从业的基本要求。

第五，坚定不移推进法治领域改革，坚决破除束缚全面推进依法治国的体制机制障碍。解决法治领域的突出问题，根本途径在于改革。如果完全停留在旧的体制机制框架内，用老办法应对新情况新问题，或者用零敲碎打的方式来修修补补，是解决不了大问题的。在决定起草时我就说过，如果做了一个不痛不痒的决定，那还不如不做。全会决定必须直面问题、聚焦问题，针对法治领域广大干部群众反映强烈的问题，回应社会各方面关切。

这次全会研究和部署全面推进依法治国，虽然不像三中全会那样涉及方方面面，但也不可避免涉及改革发展稳定、内政外交国防、治党治国治军等各个领域，涉及面、覆盖面都不小。这次全会提出了180多项重要改革举措，许多都是涉及利益关系和权力格局调整的“硬骨头”。凡是这次写进决定的改革举措，都是我们看准了的事情，都是必须改的。这就需要我们拿出自我革新的勇气，一个一个问题解决，一项一项抓好落实。

法治领域改革涉及的主要是公检法司等国家政权机关和强力部门，社会关注度高，改革难度大，更需要自我革新的胸襟。如果心中只有自己的“一亩三分地”，拘泥于部门权限和利益，甚至在一些具体问题上讨价还价，必然是磕磕绊绊、难有作为。改革哪有不触动现有职能、权限、利益的？需要触动的就要敢于触动，各方面都要服从大局。各部门各方面一定要增强大局意识，自觉在大局下思考、在大局下行动，跳出部门框框，做到相互支持、相互配合。要把解决了多少实际问题、人民群众对问题解决的满意度作为评价改革成效的标准。只要有利于提高党的执政能力、巩固党的执政地位，有利于维护宪法和法律的权威，有利于维护人民权益、维护公平正义、维护国家安全稳定，不管遇到什么阻力和干扰，都要坚定不移向前推进，决不能避重就轻、拣易怕难、互相推诿、久拖不决。

法治领域改革有一个特点，就是很多问题都涉及法律规定。改革要于法有据，但也不能因为现行法律规定就不敢越雷池一步，那是无法推进改革的，正所谓“苟利于民不必法古，苟周于事不必循旧”。需要推进的改革，将来可以先修改法律规定再推进。对涉及改革的事项，中央全面深化改革领导小组要认真研究和督办。

同志们，全面推进依法治国是一个系统工程，是国家治理领域一场广泛而深刻的革命，必须加强党对法治工作的组织领导。各级党委要健全党领导依法治国的制度和工作机制，履行对本地区本部门法治工作的领导责任，找准工作着力点，抓紧制定贯彻落实全会精神的具体意见和实施方案。要把全面推进依法治国的工作重点放在基层，发挥基层党组织在全面推进依法治国中的战斗堡垒作用，加强基层法治机构和法治队伍建设，教育引导基层广大党员、干部增强法治观念、提高依法办事能力，努力把全会提出的各项工作和举措落实到基层。

（本文为习近平同志 2014 年 10 月 23 日在党的十八届四中全会第二次全体会议上的讲话的第二部分和第三部分。来源：《求是》）

目　录

1 共享法治中国新红利
——法治建设为深化改革保驾护航

2014年被中国各界称为“全面深化改革元年”。一元复始、万象更新，元年之称寄托着人们对新一轮改革的期许。中共十八届三中全会作出全面深化改革重大部署，十八届四中全会作出全面推进依法治国重大决策，两者具有内在的逻辑关系，共同勾勒了中国未来发展的路径和蓝图。如果将全面深化改革比作一艘扬帆出海的巨轮，那么法治建设便是稳定船身的“压舱石”，是改革巨轮在前行中劈波斩浪、行稳致远的有力保障。只有依法治国才能为国家发展提供制度保障，让中国社会发展活力长存、动力不竭。

依法治国保障中国改革行稳致远

2014年秋季召开的中共中央全会作出全面推进依法治国的重大决策，这是从顶层设计的层面为改革铺路。只有依法治国才能为国家发展提供制度保障，让中国社会发展活力长存、动力不竭。

时距1978年中国启动改革开放已有37年，改革进入深水区和攻坚期，一些旧有体制不适应新形势的发展变化日渐显现，利益集团形成阻滞社会向上发展的通道，人民对教育、医疗、住房等民生问题有深切需求。这些新情况、新问题已经成为中国社会经济运行中必须解决的问题。

中共十八届三中全会作出全面深化改革重大部署，十八届四中全会作出全面推进依法治国重大决策，两者具有内在的逻辑关系，共同勾勒中国未来发展的路径和蓝图，也是对上述问题的回应。在法治轨道上推进改革深入，是中国继续发展的现实选择。

法治是社会稳定的“压舱石”，也是人民维护合法权益的“重武器”。良法引领社会有序发展，保障人民的各项合法权利，约束公权力的合规履行。全面深化改革需要法治保障，全面推进依法治国也需要深化改革。依法治国为深化改革提供制度保障，改革促进法治体系的不断完善，两者是破与立的辩证统一的过程。

专家观点

全面深化改革，是党和国家面临的新形势和新任务。正是这个新形势和新任务决定了全面推进依法治国的必然性和紧迫性。反过来，依法治国对于全面深化改革又具有不可取代的保驾护航作用。

——国家行政学院法学教研部副主任、教授、博士生导师　杨小军

法令行则国治，法令弛则国乱。中国已经将依法治国写入宪法，中国特色社会主义法律体系形成。改革开放30多年来，法治始终为中国改革开放和现代化建设提供保障。而新一轮深化改革的各方面措施，许多都涉及制度体制层面的问题，使得法治被

放在了更重要的位置。

深化改革需要法治政府。依法治国要求法治成为治国理政的基本方式，它既包括将执政理念转化为法治的思维，也包括施政措施用法治方式加以落实。通过遵循制度化、规范化、程序化的法律安排，才能消除权力设租寻租空间，遏制、预防腐败，提高政府服务能力和现代国家治理能力。

社会主义市场经济是法治经济。只有以法律的形式厘清市场与政府的边界，明确公权力的界限，让市场的归市场，政府的归政府，市场资源才能得到最为合理的配置，企业和民众的热情、活力才能得到最大程度的激发。

公平正义需要法治保障。改革步入深水区后，涉及方方面面的诉求和表达，甚至是牵一发而动全身。在法治的轨道上，改革中各种利益关系的调整才能得到妥善的安排，利益集团或个人意志才不能干扰或影响改革的推进，人民的合法权益才能得到保障。营造透明公开公平的环境，改革才能顺畅、平稳地推进。

中国改革开放取得的成果已经使人们深刻意识到，改革是社会发展的动力源泉，法治是社会运行的稳定之基。深化改革的目的是为了建设更美好的国家，让人民生活得更幸福。只有怀抱改革决心和法治精神，方能为国家发展扫清体制机制和思想障碍，中国才能走得更好、更稳、更远。

更公平、更安全、更开放

——中国全面推进依法治国为合作共赢繁荣发展保驾护航

2014 年的深秋，APEC 会议在北京留下累累硕果，全世界都听到了来自神州大地的声音。而在不到半个月前，党的十八届四中全会刚刚作出全面推进依法治国的重要部署，所受关注前所未有。

面对巨大的历史机遇和复杂的风险挑战，唯有继续全面深化改革。在法治的引领和规范下，中国经济社会将迎来生机勃勃而井然有序的深刻变革，进而推动整个区域和世界的发展繁荣。

以法治促公正 建设更加公平的中国

“反腐”，成为 2014 年 APEC 的一大关键词。

2014 年 11 月 8 日，亚太经合组织第 26 届部长级会议通过《北京反腐败宣言》，成立 APEC 反腐执法合作网络，在亚太地区加大追逃追赃等合作，携手打击跨境腐败行为。

这是将“打老虎”、“拍苍蝇”向各领域纵深推进后，中国在国际反腐败战线上扛起的一面大旗。

“我们全面深化改革，就要增进人民福祉、促进社会公平正义。”习近平主席在亚太经合组织工商领导人峰会开幕式上发表演讲，又一次对深化改革和公平正义的关系作出精确论述。

“全面推进依法治国，依法维护人民权益、维护社会公平正义……”中国向世人宣告，只有全面推进依法治国，才能推动中国经济社会持续健康发展、促进社会公平正义。

公平正义，在于政府坚守法治底线，严格依法执政——

2014 年 10 月，中国的行政诉讼法在制定 25 年后作出首次修改，进一步拓宽“民告官”的法律渠道，扩大了可诉行政行为的范围，强化对行政机关依法行政的监督。

此时的北京市平谷区，政府常务会议“会前学法”已坚持 3 年多，科级以上领导干部法治培训 100%覆盖，全区行政负责人出庭应诉比例超过 60%。这些举措都是围绕一个目标：让官员敬法学法用法成为习惯。

“政府如果不依法办事，人民群众在每一件小事中感受不到公平正义，那他对政府就没有信心。”国务院法制办公室副主任袁曙宏说，“小康不仅是物质的小康，也是公平正义的小康。要使人民活得更有尊严、更加幸福，必须加快建设法治政府。”

公平正义，体现在市场对守法者敞开的怀抱——

2014 年 9 月，葛兰素史克（中国）投资有限公司因犯对非国家工作人员行贿罪被判处罚金人民币 30 亿元，公司外籍高管被判处有期徒刑并处驱逐出境。

“中国对外开放的深度和广度不断扩大，中国的市场对所有投资者一视同仁、平等开放。”中南大学法学院教授王飞跃说，“只有诚信守法、规范经营的企业，才能在中国迎来可持续发展的美好前景。”

公平正义，更在于法律对人权和生命的尊重——

2014 年 8 月，福建省高级人民法院公开宣判“念斌投毒案”，涉嫌犯投放危险物质罪的上诉人念斌被宣告无罪，成为中国从制度上加强人权司法保障，落实罪刑法定、疑罪从无、非法证据排除等法律原则的一个里程碑。

最高人民法院研究室主任胡云腾表示，四中全会决定提出的一系列加强人权司法保障、促进公正司法的措施，就是要通过修改现行的法律，明确疑罪从无的程序设置，确定非法证据的范围和界定，从制度上着手把这些法律原则落到实处，使刑讯逼供和冤假错案得以减少乃至绝迹。

“公平正义就是我们全面深化改革的出发点和落脚点。要实现公平正义，最重要的制度保障只能是法治。”中央编译局副局长俞可平说。

用法治促平安　建设更加安全的中国

安全稳定的社会环境，已成为各国投资者越来越看重的因素。

在中国中部省份湖北，恩施州恩施市龙凤镇的村民向噶爷与几户村民签订了一个永久通路协议。“我的气消了，对处理结果非常满意。”向噶爷说。

不久前，向噶爷等 5 户人家修了一条路，与另外 3 户人家 20 年前修的路接了起来。因为涉及占地补偿等问题，双方发生纠纷，从相互争吵一步步升级到堵塞道路，有的村民多次到政府上访，声称解决不好就要闹到州里、省里。

群体性事件一触即发。村干部求助于恩施州“法律顾问服务网络”，邀请两位律师上门沟通。律师的耐心讲解和依法调处，让村民们坐下来有话好好说，终于达成了共识。

恩施的探索，是中国着力健全基层平安建设工作体系的缩影。中共十八大以来，中国坚持问题导向、法治思维、改革创新，积极创新社会治理方式，最大限度化解矛盾纠纷，最大限度增加和谐因素，努力建设平安中国。

当前的中国，正处于特殊转型时期，刑事犯罪多发高发，重大公共安全事故时有发生；特别是人口流动性逐渐增强，跨区域犯罪日益突出。为适应新形势，环首都七省区市、东北地区、西北地区、泛西南、长三角地区、中部五省、泛珠三角地区建立了治安防控区域协作机制，防控和打击犯罪的整体实效不断增强。

食品安全、环境保护、网络谣言、暴恐犯罪……这些都是影响中国民众安全感的突出问题。对此，《关于办理环境污染刑事案件适用法律若干问题的解释》等一系列法律文件密集出台，公检法等各部门严格贯彻执行，各类犯罪的高发态势已得到有效遏制。

数据显示，全国命案发案数量近年来持续下降；持枪、爆炸犯罪案件在过去10多年大幅下降的基础上，2013年又分别下降41.4%、27.5%。

“深入推进平安中国建设，发挥法治的引领和保障作用，坚持运用法治思维和法治方式解决矛盾和问题，加强基础建设，加快创新立体化社会治安防控体系，提高平安建设现代化水平。”习近平主席为平安中国建设指明了方向。

平安是人民幸福安康的基本要求，是改革发展和对外开放的基本前提。如今，在全面深化改革的背景下，各项改革举措正在社会治理的更多领域展开——

大力推进涉法涉诉信访改革。政法机关涉法涉诉信访事项受理率、立案率等有了明显提高，涉法涉诉信访群众逐步回归法治轨道解决诉求。

持续推进酒驾整治。与3年前相比，全国查处酒驾起数和酒驾致人死亡数均下降40%左右，“喝酒不开车、开车不喝酒”已逐渐成为人们的习惯。

专家观点

今天的改革，是全面的而不是局部的、是深化的而不是表面的。我们需要用权威、公平、发展、稳定的“定海神针”来定义改革、推动改革、规范改革、保护改革，这个现代化的“定海神针”就是法治。

——国家行政学院法学教研部副主任、教授、博士生导师　杨小军

多位专家指出，从“管理到治理”“从监督到服务”“从插手社会组织到购买公共服务”……中国社会治理正步入“共治与法治”的新境界。

以法治促开放 建设与世界合作共赢的中国

2013年9月挂牌的上海自贸区已1岁多。从两位数的外贸增速，到数以万计的新设企业，再到那块被无数人津津乐道的红色“法无禁止皆可为、法无授权不可为、法定职责必须为”牌匾，上海自贸区正在法治框架下显露其蓬勃的生命力。

2014年11月11日，APEC会议通过《北京纲领：构建融合、创新、互联的亚太——亚太经合组织第二十二次领导人非正式会议宣言》，决定启动并全面、系统地推进亚太自贸区进程。

“上海自贸区的各项改革措施都在法治的框架内不断细化，有利于形成开放、公平、公正、标准明确、透明度高的投资环境。这为深化政府职能改革，实施新一批扩大开放措施提供了法

图为上海市外高桥保税区（2013 年 10 月 29 日摄）。“法无禁止皆可为、法无授权不可为、法定职责必须为”——上海外高桥综合服务大厅竖立的这块显眼招牌，因中国（上海）自由贸易试验区一年来的探索实践广为人知。2014 年 9 月 29 日，上海自贸区挂牌成立已满一年。虽然看不到“推地刨坑、大楼拔地”的大规模变化，但“润物无声”的法治建设与制度变革一直激荡其中。**(新华社记者　凡军　摄)**

治经验。”上海市社会科学界联合会党组书记沈国明说。

从曾经的“改革要上，法律要让”到今天的“负面清单、权力清单、责任清单”，人们发现，中国政府已经着眼于转变政府职能，以法治精神和制度建设推动改革开放从政策推动向法治引领转变。

“全面推进依法治国，也为我们用法治思维做好外交工作提供了指导思想。”外交部条法司副司长马新民表示，中国在参与国际规则制定、增强话语权和影响力的同时，也将主动向国际社会介绍中国的法治理念。

“我们全面深化改革，就要推进高水平对外开放。”习近平主席在亚太经合组织工商领导人峰会开幕式上说，中国致力于构建开放型经济新体制，放宽市场准入，扩大服务业包括资本市场的对外开放，扩大内陆沿边开放。

人们看到，中国正在与世界合作共赢的道路上继续前行。

——前来参会的美国总统奥巴马透露，美中两国同意新的签证安排，学生签证有效期将由目前的一年延长到五年，商务和旅游签证将延长到十年。

——APEC 商旅卡在中国已经颁卡超过 4 万张，为许多商务人士解决走向亚太的签证之忧。

——国家发展改革委日前就《外商投资产业指导目录》修订稿公开征求意见。修订稿大幅缩减了限制外商投资产业条目，从原来的 79 条减少到 35 条。

——丝绸之路经济带和 21 世纪海上丝绸之路建设正在加快推进。中国发起建立亚洲基础设施投资银行，出资 400 亿美元成立丝路基金。丝路基金是开放的，欢迎亚洲域内外的投资者积极参与。

人们期待，伴随着全球化进程加快，世界各国合作共赢、繁荣发展的新时代已经来临。站在新起点的中国，将继续把握、顺应和融入时代潮流。

人们相信，尽管全面深化改革任务前所未有之重，矛盾风险挑战前所未有之多，依靠全面推进依法治国的保驾护航，中国一定能将全面深化改革的顶层设计落到实处，与其他国家共同建设一个紧密相连、携手并进的世界。

法治中国与世界红利之一：开创经济治理新气象

2014年11月23日在京闭幕的中共十八届四中全会确立了全面推进依法治国的总框架，凸显了全面深化改革背景下本届中央领导集体建设法治中国的空前决心，也寄托着社会对良法善治的殷切期盼。

法，国之权衡也，时之准绳也。法治是市场经济的基石，也关乎中国经济的未来走向。推进法治是形成更加规范有序经济治理体系的迫切要求。去年11月中共十八届三中全会明确提出，要划定政府和市场的边界，让市场的“无形之手”和政府的“调控之手”相得益彰。当前，我国政府和市场的关系正在发生着根本变革，以转变政府职能为核心的行政体制改革正向纵深推进。法治的完善有助于避免公权力干挠利益的棋局，清除经济运行环境中的淤泥，让政府当好市场秩序的裁判员和公平正义的守护者。

本次四中全会点燃了各界对中国完善市场经济法治建设的新期待。新加坡《联合早报》发表文章分析，四中全会绘制的“法治中国”路线图，将依法治国具体化、路径化，使之真正看得见、摸得着、用得上。

> **精彩论述**
>
> 依法治国将为全面深化改革提供有力保障。改革要攻克体制机制上的顽疾、突破固化的利益格局，这就需要以法治来开路。全面推进依法治国，意味着更科学完备的法律体系、更严格的执法、更公正的司法，能够扫清改革障碍，保障改革顺利进行。

通过法治规范市场竞争秩序能够使各类市场主体平等参与竞争。路透社认为，四中全会有关依法治国的决策，将给经济发展带来更多公平和公正。

四中全会提出要依法全面履行政府职能，推进机构、职能、权限、程序、责任法定化，推行政府权力清单制度。一些海外观察人士认为，这将有利于避免权力的滥用造成资源的错配和激励机制的扭曲。

此外，四中全会提出要健全依法决策机制，建立行政机关内部重大决策合法性审查机制，建立重大决策终身责任追究制度及责任倒查机制。更加明确的监管和治理模式将提升政策的客观性和可预见性，有利于降低经济成本、提高市场运行效率。

巴克莱首席中国经济学家常健认为，四中全会将对中国经济和社会产生深远影响。她说，未来可能采取的种种措施将有助于改善中国的法律和秩序并减少行政干预和地方政府干预，有利于提高市场效率，同时减少腐败并降低在中国开展业务的运营成本。这将帮助提升投资者对于中国经济增长可持续性的信心。

不仅如此，加强法治建设还将为下一步深化改革保驾护航。中国经济所处的新常态和社会转型的新要求赋予了依法治国方略新的使命和意义。海外媒体分析，四中全会强调“法治”，并非无的放矢，而是为下一步的经济改革和结构调整“攻关”。

中国经济正面临着“三期叠加”的错综复杂局面，加快转变经济发展方式和调整经济结构刻不容缓。但改革绝非免费午餐，利益增进和利益调整并存，多年积累的深层次矛盾有待化解，这些都需要通过法治将经济发展客观规律制度化，克服急功近利的倾向、打破利益集团的藩篱。

增长、改革和转型的高度融合需要法治的引领和规范作用，法治中国也已成为本届中央政府领导集体深化改革的抓手。今年2月，习近平总书记在中央全面深化改革领导小组第二次会议上明确提出“凡属重大改革都要于法有据”，确保在法治轨道上推进改革。

本次四中全会顺应时势，强调要实现立法和改革决策相衔接，做到重大改革于法有据、立法主动适应改革和经济社会发展需要。

分析人士指出，随着依法治国的推进，法治的顶层设计将为全面深化改革提供引导和保障，并确立改革成果。有理由相信，法治的日臻完善将为中国的经济治理带来一泓清流，为改革注入新动力，使中国市场经济建设呈现新气象。

法治中国与世界红利之二：共享法治中国新红利

“法律是治国之重器，良法是善治之前提”。在中国经济步入减速换挡、转型升级的新常态之际，党的十八届四中全会做出“全面推进依法治国”重大决定。海外观察家认为，中国强调法治，保证市场经济高效有序运行，此举不仅会为深化改革扫除障碍，保证中国经济健康、可持续发展，而且它释放出的制度红利还将产生积极的外溢效应，惠及世界。

法治是市场经济健康发展的先决条件。回顾过去，中国经济腾飞很大程度上得益于法治的建立健全。同时也应看到，我国一些领域的法治基础还相对薄弱，这已然成为限制中国经济转型升级的重要障碍。行政干预、腐败高发、企业垄断……法治不完善带来的这些后果，与中国经济目前面临的产能过剩、房地产泡沫、地方债务风险、创新能力较低等诸多问题并非没有关联。深化改革、经济转型升级需要加强法治保驾护航。

全面推进依法治国将为中国深化改革和扩大开放创造有利的法治环境。对此，国际社会充满期待。法国《欧洲时报》说，中国经济改革的成功，不仅仅有利于自身，也将给全世界提供有益参照系。中国转型升级、提质增效过程中会释放更多消费需求，催生一些新兴产业、创业项目，给各经济体带来更多新商机。

专家观点

中国特色社会主义市场经济的发展，与中国特色社会主义法治建设应当是同步的。离开了法治，就不会有市场经济的成就，市场就会混乱，经济就不可能起飞，更不可能平稳、高速地飞行。这是我们改革开放一条最基本、最核心的经验。当改革开放进入新阶段，市场经济发展进入比较成熟的新时期，需要更加强调法治。

——北京大学常务副校长，中国法学会经济法学研究会会长　吴志攀

外媒尤为关注中国政府反腐举措，认为这一行动有利于改进管理人员素质，将释放经济领域的新动力。英国《金融时报》指出，中国决策层的反腐行动十分重要，其意义已延伸至经济领域。如果反腐行动能够提高大型国有企业的管理效率，那么无疑将对提高经济效率产生积极影响。

有海外观察家指出，全面推进依法治国的决策是中共在制度建设上迈出的一大步，它释放出的制度红利将产生可观的外溢效应。法治市场经济营造出好的营商环境可以产生强大的“吸力”，有利于吸引外国资金、人员、技术“走进来”。爱立信公司董事长雷夫·约翰森认为：“中国政府在改革中加强问责和执法，将让投资者更加坚定信念来华投资。”

法治环境还有利于培育中国企业的法律意识、制度意识，形成良好的营商习惯和自我约束机制，使企业经营更加规范，便于今后中国企业“走出去”，顺利与国际规则接轨，取得最佳合作效果。

全球化时代，中国经济与世界经济紧密相连，遵循规则惠及双方。以 2001 年我国加入世界贸易组织为例，中国规则与世界规则的接轨，不仅创造了中国经济持续高增长的奇迹，还在国际金融危机时期为世界经济尽快复苏作出重大贡献。

新时期面临新挑战。国际货币基金组织和世界银行不久前发出警告：“各经济体如不制定大刀阔斧的改革政策，世界经济有可能步入低速增长的‘新平庸’时代。”在世界经济形势复杂多变的情况下，中国在不断完善自身法治环境的同时，坚定走对外开放之路，重视世界经济合作。

国际观察家认为，随着全面推进依法治国不断深入，一个风正清明的中国会不断释放更多经济红利，为世界经济注入新的动能。

2 依法治“官”
——让制度成为反腐持久动力

坚定不移惩治腐败，是全党上下和广大人民群众的共同愿望。行胜于言，从中央到地方，都在反腐制度建设层面做了诸多实质性探索。比如，在进一步执行中央巡视组制度的基础上，2014 年又启动了专项巡视工作；比如，对法外之地亮剑，推出多项提升反腐法制化水平的举措；再比如，APEC 会议通过了《北京反腐宣言》，G20 会议通过《布里斯班行动计划》，深化了反腐败国际合作。所有这些举措，都将让“权力笼子”更加细密，让公众对权力的监督更方便，让反腐制度化、常态化。

保持反腐高压·修订党内法规·关注政治纪律
——十八届中央纪委四次全会传出的信号

持续保持高压态势，坚决遏制住腐败蔓延势头；建党百年时，建成内容科学、程序严密、配套完备、运行有效的党内法规制度体系；加强对政治纪律执行情况的监督检查，坚决查处上有政策、下有对策，有令不行、有禁不止行为……

25 日召开的十八届中央纪委四次全会传递出一系列反腐倡廉新信号。

信号一：正风肃纪将成"新常态"

坚定不移惩治腐败，是全党上下和广大人民群众的共同愿望。

党的十八大以来，以习近平为总书记的党中央把反腐败工作提到新的高度，持之以恒抓作风建设，保持惩治腐败高压态势，加强对权力运行的制约和监督，创新反腐败体制机制，反腐败力度持续加大，呈现出向纵深发展的良好势头。

但也应当看到，当前党风廉政建设和反腐败斗争形势依然严峻复杂，"四风"病根未除，防止反弹任务艰巨，滋生腐败的土壤依然存在；在惩治腐败的高压态势下，仍有一些党员干部不收敛不收手、甚至变本加厉。

为此，中央纪委四次全会明确提出，党风廉政建设和反腐败斗争永远在路上。要持之以恒纠正"四风"、驰而不息正风肃纪，使作风建设成为"新常态"。要持续保持高压态势，治病树、拔烂树，坚决遏制住腐败蔓延势头。

> **专家观点**
>
> 正确认知中国法治反腐必须把握三点：一是党和人民对宪法权威的深刻洞察与宪法价值的信仰共识；二是全党和社会对以制度建设来遏制腐败的价值共识；三是中国法治信任共同体建设廉洁中国的目标共识。
>
> **——中国廉政法制研究会政治安全与风险评估中心主任　杨永纯**

"对腐败一查到底，对'四风'一反到底，体现了中央的决心和恒心。”中国社科院中国廉政研究中心副秘书长高波说，当前反腐倡廉保持高压态势，是为治本赢得时间。下一步，要加大治本力度，逐步形成不敢腐、不能腐、不想腐的有效机制。

信号二：完善党内法规定“时间表”

运用党内法规把党要管党、从严治党落到实处，这是党的十八届四中全会提出的明确要求。

专家指出，依规治党，必须要有一套完善的党内法规体系。这就需要尽快对现有的党内的法规制度进行摸底、清理、修订、补充，既要提高它的认知度、操作性和执行力，还应实现与国家法律的有机衔接。

围绕加强党内法规制度建设、形成完善的党内法规体系，中央纪委四次全会不仅提出了明确的目标——着重规范政治纪律、组织纪律，做到要义明确、简明易懂、便于执行；还定下了“时间表”——确保到建党 100 周年时，建成内容科学、程序严密、配套完备、运行有效的党内法规制度体系。

据了解，党的十八大以来党内法规进行了首次集中清理，1978 年以来制定的党内法规和规范性文件中近四成被废止或宣布失效。与此同时，出台了《中国共产党党内法规制定条例》《党政机关厉行节约反对浪费条例》等；《中国共产党巡视工作条例（试行）》等已有法规也正在修订。

“有了完善的党内法规体系，还要自觉运用这些法规把党要管党、从严治党落到实处。”国家行政学院政府法治咨询研究中心主任杨伟东说。

信号三：决不允许自行其是、阳奉阴违

政治纪律是最重要、最根本、最关键的纪律，遵守党的政治纪律是遵守党的全部纪律的重要基础。然而，当前一些党员领导干部无视党的政治纪律，上有政策、下有对策，有令不行、有禁不止，在贯彻执行中央决策部署上打折扣、做选择、搞变通。

中央纪委四次全会强调，党员干部特别是领导干部要严守党的政治纪律和政治规矩，把“同党中央保持高度一致”变成实实在在的行动。党内决不允许搞团团伙伙、拉帮结派、利益输送，决不允许自行其是、阳奉阴违。

“腐败不只是权钱交易，漠视政治纪律往往是一切腐败现象的源头。”中央党校教授辛鸣认为，中央强调“要严守党的政治纪律”，既是对党风廉政建设和反腐败斗争的规律认识的深化，又是对当下反腐倡廉工作中需要解决的突出性问题的回应。

可以预见，今后，各级纪检监察机关在继续做好反腐倡廉工作的同时，将加强对政治纪律执行情况的监督检查，坚决查处上有政策、下有对策，有令不行、有禁不止行为，坚决维护党的集中统一。

党的规矩包括哪些？

党的规矩包括四个方面：

第一，党章是全党必须遵循的总章程，也是总规矩；第二，党的纪律是刚性约束，政治纪律更是全党在政治方向、政治立场、政治言论、政治行动方面必须遵守的刚性约束；

第三，国家法律是党员、干部必须遵守的规矩；

第四，党在长期实践中形成的优良传统和工作惯例。

中央纪委四次全会还特别强调，各级纪检监察机关要加强对四中全会精神落实情况的监督检查，强化监督执纪问责，确保中

央政令畅通。

反腐进入历史性转折点：法治化被提升至前所未有高度

十八大以来，被调查的省部级以上官员已逾50名。当“打老虎拍苍蝇”成为新一届中央领导集体反腐新常态之际，一个历史性转折点也由此到来：依法反腐被提升至前所未有的高度。

党心所归民心所向，法制条件相对成熟

2013年1月22日，在十八届中央纪委二次全会上，习近平总书记明确指出，要加强反腐败国家立法，加强反腐倡廉党内法规制度建设。这一科学论断，为新形势下通过加强法治建设深入开展反腐败斗争、建设廉洁政治指明了方向。

十八大之后一项超过百万人参与的网络调查显示，在收入分配、社会保障、反腐监督、住房问题、环境保护等12项群众关切度最高的社会热点问题中，反腐监督受关注度最高。其中，制度反腐、法治反腐被认为是预防和惩治腐败最有效的手段。

十八大以来，中国共产党通过强化中央巡视、开通网上举报、践行八项规定、开展群众路线教育实践活动等一系列举措，依法依纪严惩党政公职人员的腐败腐化行为，反腐倡廉制度体系更加完善，赢得了党心、民心和普遍的国际赞誉。

专家认为，现阶段我国法治反腐已具备良好条件和现实基础——党心所归，民心所向，法制条件相对成熟。

福建省纪委原副书记张大共表示，“健全反腐败法律制度，

更加科学有效地防治腐败”写入十八大报告，凝聚全党共识，随着法治开始融入国家治理过程，厉行法治将成为解决腐败问题的根本方式。一些高官腐败案件的公开审理，再次表明我们党‘用法治思维和法治方式反对腐败’的鲜明态度和坚定决心。

张大共说，老百姓的法治意识越来越强，政治参与热情越来越高，新兴媒体的兴盛，也为网络监督、群众监督提供了便利，为法治反腐创造了有利条件。与此同时，中国特色社会主义法律体系已经形成，基本实现了有法可依，越来越多的法律被用来约束政府和管理者，规范权力的运行。

党纪国法双轨并行良性互动

对于出现腐败问题的领导干部，先由纪检部门进行调查、做出党纪处分后再移交给司法部门，这是“打虎”“拍蝇”的通行做法。“党纪国法双轨并行、纪检司法良性互动”，是中国特色反腐败斗争，打击公职人员职务犯罪的有效措施。

专家认为，这一措施在未来一个时期内仍将得以坚持。十八届四中全会后，按照“依法治国”的总体要求，纪检部门、司法机关都需要重新对各自在反腐中的职能做出进一步明确定义。

中国社会科学院法学研究所副研究员支振锋认为，按照依法治国理念审视“反腐败”，实际上包括两个层面的含义：一个是反公职人员的职务性违法犯罪，另一个是建设政府的执政伦理与官员的行政伦理。“前者是法治的轨道，后者是德治的轨道，应该双轨并进。”

“十八大以来，在中央反腐败领导小组的领导和协调之下，在纪检部门与司法机关的协同配合上已经做出了一些有效的尝试和探索。”北京航空航天大学廉洁教育与研究中心主任任建明日前对媒体表示，“比如在办案中越来越多地运用‘联合专案组’，让司法机关更早地介入到贪腐案件中；通过‘联合专案组’的调查，一旦确定违反党纪的证据，纪委会迅速做出党内处分，将案件移交给司法部门做进一步的深挖和处理。”

专家认为，未来进一步完善党纪国法双轨反腐的法治新思维，不是说执政党的纪律部门应置身于反腐之外，而是在法治的原则下进行精细化治理。国家司法机关与党的纪律部门“双轨”并进、分工配合，对党员干部职务违法犯罪和失德失信行为实现两手都要抓、两手都要硬，法治与德治双轨并重。

加强行政程序立法

著名法学专家江平认为，为确保公权力合法运行，需要加强行政程序立法，“程序正义才有可能实现实体正义，程序规则被破坏，也谈不上实质正义”。而立足于保证政府高效、官员勤政，除厘清政府的责任清单外，还应有配套的监督机制。

“权力约束、严格问责与透明政治，是澄清吏治的不二良方。”支振锋说，“权力不仅要‘进笼子’，还要‘晒太阳’。”

支振锋说：“要充分保障宪法所规定的公民监督国家公职人员的权利，使得官员行动被置于公众的监督之下，同时强化人大的监督和问责职能。通过构建一套高度透明、切实问责、监督制衡的现代治理体系，以严格治吏形成一个高效廉洁的公务员队伍，最终实现政治清明、官员清廉。”

“拍蝇打虎”制度化渐成新常态

每年底，《咬文嚼字》杂志编辑部评出的“年度十大流行语”，都是人们回望过去一年的关键词。在今年的榜单上，不仅“拍蝇打虎”名列第三，与反腐密切相关的“断崖式”和“你懂的”也榜上有名。这样一份榜单，与公众的感受大致吻合——在即将过去的2014年，中央的铁腕反腐已经成为一种最受关注的“新常态”，反腐一直处于进行时状态并且不断加力，许多吏治新探索正在成为制度。

中国高度重视反腐败，历来也出台了一系列反腐防腐的制度。但客观而言，以往反腐工作的成效与民众预期有一定差距，有不少反腐行动最终都是刮完一阵“反腐风暴”就偃旗息鼓了。风暴过后，腐败现象往往卷土重来，在有些方面甚至更甚于从前。不管是高居“庙堂”的领导人，还是身在“江湖”的老百姓，都已经意识到了腐败对国家未来的威胁。

虽然人们常说这是一个观念日益多元的社会，但是，当历史的指针走到2014年的末端，举国上下对腐败危害和反腐重要性的共同认识，无疑达到了一个新的高度。无论是目不识丁的乡野村夫，还是起早贪黑的出租车司机，甚至是一些涉世未深的小学生，如今都能或多或少谈点反腐相关的话题，也大都知道中纪委书记王岐山的大名。仅从这一点便知，2014年的“拍蝇打虎”工作，确实深得民心。

回望2014年，“几乎每隔几天就会有官员落马”已成常态，有媒体甚至概括出了中纪委“周一拍蝇，周末打虎”的规律。从十八大到十八届四中全会召开，中国反腐正在以改革开放以来前所未有的力度，不断打破“禁区”和“惯例”。2014年以来，在中央反腐成绩单上，除周永康、徐才厚外，另有30多名中管干部因涉嫌严重违纪违法接受组织调查，其中既有省一级地方党委政府的负责人，也有中央部门单位“一把手”，既有中央企业的老总，也有纪检系统的干部。

反腐成绩单上的数字每增加一个，对各级官员的震慑就增加一分，民众对执政党的拥戴也就会增加一分。但是，人们仍不免会有一些疑惑，当前这种“给力”的反腐行动能够持续多久？是否又会成为“一阵风”？尤其2014年以来，“反腐影响经济稳定”“反腐影响干部士气”之类的杂音在社会上广为流传，“越反腐败越多”“反腐要提防大老虎们联手反扑”等言论层出不穷，更让一些人心里没底。

所幸的是，中央领导关于反腐常态化的表态，给公众吃下了定心丸。无论是习近平还是王岐山，都曾在不同场合表达过将反腐进行到底的决心。“有腐必反，绝不养虎为患”“对踩红线、闯雷区的领导干部要零容忍”“党风廉政建设和反腐败斗争永远在路上”“腐败没有特区，反腐没有禁区”“当前反腐以治标为主，为治本赢得时间”

专家观点

依法治国概念本身就是强调我们要通过法治的手段来治理国家，换句话说，公共权力的行使必须要依法进行，权力必须在法律的轨道上运行。因为依法治国就是强调公共权力必须首先按照法律法规来行使。我们反腐、防腐制度措施的制定都是为了规范公共权力。依法治国可以说是反腐的重要工具，它规定和规范公共权力，并对这种权利进行制约和监督。

——国家行政学院公共管理教研部教授、公共行政教研室主任　竹立家等铿锵有力的表述，意味着今后的反腐工作仍将保持高压态势。

行胜于言，除去对反腐倡廉的三令五申，从中央到地方，都在反腐制度建设层面有诸多实质性探索。比如，在进一步执行中央巡视组制度的基础上，2014 年又启动了专项巡视工作；比如，对法外之地亮剑，推出多项提升反腐法制化水平的举措；再比如，APEC 会议通过了《北京反腐宣言》，G20 会议通过《布里斯班行动计划》，深化了反腐败国际合作。所有这些举措，都将让“权力笼子”更加细密，让公众对权力的监督更方便，让反腐制度化、常态化。

在过去一年中，一些腐败高发领域遭受“重创”，有些部门甚至被“一窝端”；山西、四川、江西等曾经的腐败重灾区，也频频传来令人拍手称快的反腐战报，以至于中纪委网站如今已成时政记者时刻紧盯的新闻富矿。时间自会证明，随着各地各领域的腐败毒瘤被剜除，随着制度化反腐让权力运行更规范，经济形势非但不会被反腐拖累，反而会因规则更透明、竞争更公平而更健康。

在过去，腐败改变了官场文化和官场秩序，尤其圈子化的不良趋势败坏了官场生态，扭曲了一些领导干部的观念。如今，随着反腐工作向制度化阶段推进，“不敢腐、不能腐、不想腐”的官场新生态正在形成，反腐“治标”已经初见成效。按十八大提出的时间表，我国要在 2020 年基本建成法治政府，而着力于“治本”的制度化、法制化反腐，无疑会是 2015 年乃至今后很长一段时间的反腐新常态。

3 织严反腐法网

——聚焦反腐刑罚条款首次大修

依法治国，建设廉政的法治环境，其根本性任务是健全打击和预防腐败的法律体系。马克思曾经有过精辟的论述："立法者要肩负起责无旁贷的义务——不把那种由环境造成的过错变成犯罪。他应该以最伟大的人道精神把这一切当作社会混乱来纠正，如果把这些错当作社会的犯罪行为来惩罚，那就是最大的不公平"。健全打击和预防腐败的法律体系，不仅要让"想拿"的人"不敢拿"，也要让"不想拿但不敢不拿"的人"敢不拿"。只有建设廉政的法治环境，才能将反腐推进到"治本"的新阶段，将廉政建设推向新高度，最终形成依法治国的良性循环。

反腐还有哪些"法外之地"需要规范？

"吃空饷""裸官""红包""奢靡""官赌"……在不久的将

来，涉及这些问题的领导干部，或许受到的不仅仅是党内处分，还要被追究法律责任。

有专家分析，刚刚收官的党的群众路线教育实践活动“成绩单”，以及陆续公布的2014年中央巡视组第一轮巡视整改情况——这两项在四中全会前开展的重要活动，已经透露出强烈信息：反腐将常态化并逐步纳入法制轨道，越来越多的“法外之地”将被清理。

一网打尽　　新华社发　徐骏 作

多位专家表示，当前，党纪与国法、行政规定与法律条文之间还存在一些缝隙，对一些贪腐行为法律的刚性约束还不够硬实。

国家行政学院教授汪玉凯说，反腐需要“暴风骤雨”，同样需要“细水长流”。除了解决一时一事，还要关注根本长久的问题，最终形成干部“不敢腐”“不想腐”“不能腐”的局面，必须通过消灭“法外之地”来实现。

反腐中的“法外之地”依然存在

汪玉凯认为，“目前，反腐过程中还有很多仅用党纪而无法用法律规范的地方，在党纪和法律之间可能有一些灰色地带。”汪玉凯说，现行某些规范权力的党内和行政规定，有的只是原则性、价值性的倡导，缺乏实际操作性；有的无责任主体，有的无配套政策，有的无程序性规定；有的只有禁止性规定和要求，缺乏明确具体的责任追究条款。

长期以来，一些地方对干部腐败行为以纪律责任替代法律责任，甚至对一些作风问题常采取“下不为例”的处理方式，客观上纵容了一些人在制度规定面前依然我行我素，在利益诱惑面前铤而走险。

福建师范大学马克思主义学院教师张翔表示，法律法规具有一定的滞后性。一部分违反党纪的行为在法律上尚无明文规定，例如裸官、奢靡、兼职、红包等等，这些问题既是监督盲点，也是法律界定的难点。

以党员干部收受“红包”及购物卡为例，反“四风”中10万余人主动上交“红包”及购物卡、涉及金额5.2亿元，查处2550人，涉及金额2.5亿元，不过处理仍以退还等行政处罚为主。中国社科院法学研究所研究员周汉华说，这就需要调整法律调控的边界。

再比如公款吃喝问题，中纪委特邀监察员、中国政法大学副校长马怀德说，目前公款吃喝主要在纪律层面处理，尚未有相关法律限制。

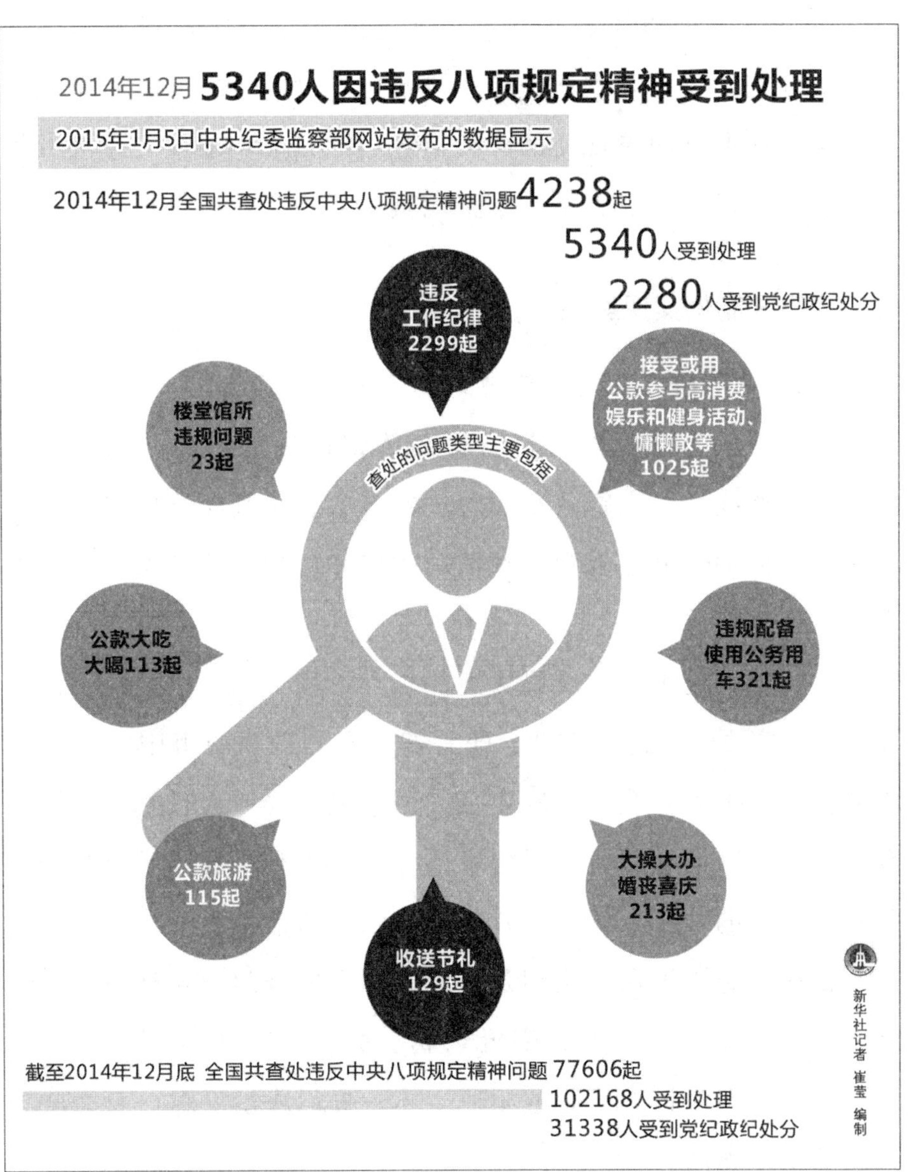

此外，由于法治空白区客观存在，对违规官员处理时，在程序上有时会缺乏法律上的依据，而需要以党纪党规为基础，一些地方对违规官员的处理表现出随意性的倾向。

以吃空饷为例，专项整治中共清理清退“吃空饷”人员16.2万多人，但以清退为主，大多并未入刑。国家行政学院政府法治咨询研究中心主任杨伟东说，应把“吃空饷”各种情形进行分析，该追究法律责任的必须追究。北京航空航天大学公共管理学院教授任建明则表示，吃空饷其实是贪污，应该更加明确。

反腐法制化实现新高度

2014年年初，王岐山在中纪委会议上明确指出，“坚持以法治思维和法治方式反对腐败，提高依纪依法惩治腐败的能力”。党的群众路线教育实践活动历时一年多收官，高压反腐是其中一大亮点。但如何避免教育实践活动收尾和巡视工作结束，反腐的力度也随之减弱？

实际上，近来一些反腐大案的查办过程证明，法治反腐已经被提到了新的高度。9月24日上午，河北省廊坊市中级人民法院开庭审理国家发改委原副主任、国家能源局原局长刘铁男受贿案，并对庭审活动进行了微博直播。司法审判是我国反腐整个链条中最重要的一环，体现的是依法治国的法治精神。

杨伟东说，现在，全国各个地方和有关部门越来越重视制度反腐。为了解决职务犯罪中近亲属、关系密切人等问题，2009年刑法修正案就扩大了职务犯罪主体。提倡法治反腐一直是中央纪委的工作思路。

专家观点

反腐能够遏制公务员违法犯罪，是实现依法治国的重要手段；建设廉政的法治环境是避免腐败滋生的“规范动作”。十八大以来，中央采取了一系列高频度、高强度的反腐措施，赢得了社会的高度认可，但如果没有配套的制度建设，反腐就有可能出现“前腐后继”的现象。因此，反腐必须与建设廉政的法治环境并举，共其始终。

——中国政法大学教授　裴广川

中央党校教授辛鸣认为，审视十八大以来的反腐历程，法治化是最鲜明突出的特点，其本身即是依规治党、依法治国的重大实践。目前反腐败先以治标开始，在过程中逐步形成制度性，通过一系列规范性的做法，达到治本的效果。

社科院法学研究所研究员周汉华说，我国的反腐是一个多管齐下的体制，目前纪检反腐效果凸显，法治反腐、制度反腐也正在发力。

多位专家认为，司法以法治的最高权威确保了反腐的成果，只有坚持司法正义的反腐斗争，才能消除人们对运动式反腐、反腐政治斗争的猜疑，确保反腐的合法性、确定性和持续性，使得民心、顺民意的反腐斗争在法治的护佑下走得更长、走得更远，确保反腐成果不因时、因人而改变。

反腐法治化与国家法治化路径一致

王岐山曾指出，着力查清主要违纪违法事实，严肃党纪政纪处理，涉嫌犯罪的及时按程序移送司法机关。

马怀德认为，预防腐败、惩治腐败的最终走向都是法治反腐。全面推进依法治国，反腐立法首先应完善过去的一些法规，比如信息公开条例上升为信息公开法，权力公开、党务公开也要加快立法进程。最重要的是“源头”立法，约束“一把手”的权力，决策科学化、民主化，行政程序法也应提上日程。

有专家认为，反腐法治化与国家法治化的路径基本一致。国家的法治化，即国家权力全部纳入法治轨道，就是把权力关进制度的笼子。长期看，要把反腐败纳入法治轨道，建立制度限制，使党员干部不能腐败，也不愿意去腐败。

“四中全会将借助前一个阶段反腐败斗争积累的经验和教训，开始重视从‘治标’向‘治本’的转化。”中央编译局博士后、中南大学行政管理系主任吴晓林表示，把工作重点放到反腐败的制度建设上来，逐渐实现通过制度管钱、管人、管物，使得腐败分子不容易找到制度的漏洞，最终实现不想腐、不能腐、不敢腐的制度约束。

周汉华认为，四中全会在严格执法、公正司法、全面守法上会有新的部署和安排。通过这三方面，体现在反腐领域，就是立法层面边界清晰规范有效。执法和司法层面，有效地把法律规定落实到实处，惩治腐败。最后形成全面守法的社会氛围，让腐败分子不想不敢贪。

让贪官“不敢收”，还要让行贿人“不敢送”

——中国拟修改刑法“全环节”惩治腐败

10 月 27 日，刑法修正案（九）草案首次提交全国人大常委会审议。值得关注的是，此次修正案草案对行贿犯罪加大了处罚力度，新增了行贿犯罪条款，修改了贪污受贿犯罪的定罪量刑标准。

法学专家认为，此次对刑法中腐败犯罪相关条款进行修改，进一步完善了惩治腐败的相关法律规定，将腐败犯罪的“全环节”纳入惩治范围，体现了国家打击腐败犯罪的决心。

“热词” 新华社发 大巢 作

拟增加“财产刑”让行贿人“吐出”不当获利

行贿人通过贿赂官员获得了巨大利益，而在查处贿赂案件过程中，由于立法缺失，很难对行贿人进行经济处罚，使其“吐出”不当获利。

浙江温州市一位检察官说：“行贿、受贿犯罪的最终目的，很多情况下是为了金钱。以前我们在查处腐败案件的过程中，往往忽视了对行贿人通过贿赂非法获取的经济利益进行查处。最终案件办理的社会效果不好。因为受贿者判刑了，可获益更大的行贿人却仍然赚到了钱。”

刑法修正案（九）草案在涉

及对行贿犯罪的处罚条款中，多处增加了处以罚金的内容。而此前在刑法对行贿人的处罚条款中，都没有涉及罚金。

“通过完善对腐败犯罪财产刑的规定，使犯罪分子在受到人身处罚的同时，在经济上也得不到好处。”中国人民大学法学院教授黄京平说。

中国政法大学刑事司法学院教授曲新久认为，因为行贿、受贿大多是财产性犯罪，以前没有设置罚金不够合理，所以这次修法，在对单位行贿罪、介绍贿赂罪等多个罪名中都添加了罚金刑。如果能够通过财产刑这一法律手段加大对行贿人的惩治力度，无疑将大大增加行贿犯罪的法律成本。

加强对行贿人的惩处令其难以逃脱刑罚

浙江金道律师事务所副主任王全明说，人们一般痛恨索贿受贿行为，却认为行贿人多是“被动”一方，属于“弱势群体”。这种社会认知导致了一种恶性循环，形成一条衍生权力腐败的“犯罪链”，使腐败现象屡禁不绝。

“过去，刑法对行贿犯罪的处罚力度明显轻于受贿罪，导致司法实践中普遍存在‘重受贿、轻行贿’现象，惩治贿赂犯罪时‘一手硬、一手软’，若不及时加以纠正，势必不利于惩治腐败犯罪。”王全

> **精彩论述**
>
> 刑罚是“最后的防线”。修改刑法条款也映射出国家反腐败机制从立法上正在逐步完善。对多类行贿罪规定处以罚金刑，大大提高犯罪成本；进一步严格对行贿罪从宽处罚的条件，避免行贿逃脱处罚；删除具体数额标准，以概括性数额和情节为贪污贿赂定罪量刑，让反腐败的司法实践更加科学……一系列法条的修改意图，是剪断衍生权力腐败的“犯罪链”，把反腐败的制度牢笼扎牢扎紧。

明说。

刑法修正案（九）草案拟将“行贿人在被追诉前主动交代行贿行为的，可以减轻处罚或者免除处罚”的规定，修改为“行贿人在被追诉前主动交代行贿行为的，可以从轻或者减轻处罚。其中犯罪较轻的，检举揭发行为对侦破重大案件起关键作用，或者有其他重大立功表现的，可以免除处罚。”

近年来，葛兰素史克行贿案等引起社会的高度关注，让人们看到了行贿犯罪的“主动性”以及腐蚀公权力的严重社会危害性。最高人民检察院统计显示，2014 年上半年，全国检察机关立案侦查行贿犯罪 4397 人，比去年同比上升 37.6％。

清华大学法学院教授周光权认为，草案加大了对行贿人员的处罚力度，规定即便行贿人在被追诉前主动交代行贿行为也应受到处罚，对免除处罚给予了严格限制，这意味着将有更多的行贿人被追究法律责任。

扩大反腐范围拟处罚“朋友圈”“身边人”犯罪

刑法修正案（九）草案增加规定，为利用国家工作人员的影响力谋取不正当利益，向其亲属等关系密切人员行贿的犯罪。

华东政法大学教授卢勤忠认为，此次在刑法修正案中增加向关系密切人行贿，扩大了对行贿犯罪的打击范围，原来刑法修正案（七）中增加了关系密切人受贿罪，但是行贿方没有相应的处罚条款，此次将其列入，体现了从严打击腐败的决心。

但也有基层检察官表示担心，如果对行贿者打击过于严厉，很容易让行贿者和受贿者形成利益共同体，给查处腐败犯罪造成困难。案发前，行贿人还会不会主动检举受贿犯罪？案发后，行贿人还能不能积极配合查处受贿事实？

多数被采访专家认为，本次修法加大了对行贿犯罪的处罚力度，这在一定程度上对行贿人是一个震慑，更加有利于从源头上减少行贿受贿犯罪的发生。

红与黑　　　　新华社发 朱慧卿 作

删去对贪污受贿犯罪规定具体数额增加情节考量

周光权说："现行的刑法是按照贪污受贿的数额来定罪，分为四个档次来进行判罚。但这毕竟是10多年前制定的，数额规定过死，有时难以根据案件的不同情况做到罪刑相适应。造成不少犯罪数额相差悬殊的案件，在量刑上难以拉开档次。"

一位长期从事刑事审判的法官认为，将贪污数额标准规定为一个具体的数额，难以与经济社会发展相适应，导致实践中一些依法本应入罪或者本应重判的案件，因受数额标准的限制，无法入罪或者难以重判，损害了法律权威。

刑法修正案（九）草案中删去了对贪污受贿犯罪规定的具体数额，原则规定数额较大或者情节严重，数额巨大或者情节严重，数额特别巨大或者情节特别严重三种情况。

专家表示，本次修改，将刚性的数额标准修改为更有弹性的"数额＋情节"模式，将更有利于做到罪刑相当。对于具体定罪标准，可以通过司法解释明确相应标准，使反腐败的司法程序更加符合实际、更加科学合理。

我国首次大修反腐刑罚条款扎牢制度"笼子"

刑法修正案（九）草案27日首次提请全国人大常委会审议，其中对涉及贪污贿赂犯罪的法条修改引人瞩目。

我国刑法分则中，用专章15个条款规定了贪污贿赂罪的定罪处罚。专家表示，刑法前八个修正案中，只改动了15个条款

中的 2 条，而这次修正案一揽子修改其中 6 个条款可谓“大修”，修改主要针对贪污贿赂定罪量刑标准和加大行贿犯罪打击力度两个方面。

刑法修正案（九）草案根据各方意见，拟删去对贪污贿赂犯罪规定的五千、五万、十万等具体定罪量刑数额标准，原则规定数额较大或者情节较重、数额巨大或者情节严重、数额特别巨大或者情节特别严重三种情况，相应规定三档刑罚，并保留适用死刑。

中国刑法学研究会会长、北京师范大学刑事法律科学研究院院长赵秉志介绍，1997 年刑法典把贪污受贿罪的定罪量刑标准规定为具体数额标准，是为了增强司法操作性。但经过多年司法实践，具体数额标准逐渐难以适应经济社会发展带来的情况变化。

“草案把贪污受贿罪定罪量刑标准拟修改为概括模式，且纳入了犯罪情节和后果的考量，具体数额和情节标准可由最高司法机关通过制定司法解释予以确定，或由最高司法机关授权地方司法机关根据具体情况掌握，更为科学合理。”赵秉志说。

此外，草案从三方面加大了对行贿犯罪的处罚力度，一是对多类行贿犯罪增设了罚金刑；二是严格了对行贿罪从宽处罚的条件；三是增加了向国家工作人员近亲属等关系密切人员行贿的犯罪处罚规定，在打击行贿的同时，约束领导干部身边人。

行贿犯罪是滋生腐败的直接根源之一，行贿往往是受贿犯罪的始作俑者。最高人民法院刑三庭法官张向东认为，“对行贿犯罪惩处力度偏弱，会影响遏制腐败犯罪的效果。加大对行贿犯罪的打击力度，是这次刑法修改的亮点之一，必将对从源头上遏制腐败行为产生积极作用。”

4 依规治党
——聚焦党内法规清理

全面实施依法治国、大力建设法治中国，是中国共产党人必须担当的时代使命，依法治国必然要求从严治党、依规治党。依规治党，先要织造好制度的笼子，既要扎紧扎牢，还要设计好形状大小。新中国成立60多年来形成的大量党内法规和规范性文件，存在着不适应、不协调、不衔接、不一致等问题。集中清理，就是要对党内法规制度开展全面“体检”，在“瘦身”的同时实现“健身”，摸清党内法规制度“家底”，找出尚存的不足，解决存在的问题，达到协调统一、有效管用。这不仅将为进一步健全党内法规制度体系打下坚实基础，也将有力促进党内法规制度的遵守与执行，为依法治国提供可靠政治保证和有力制度保障。

完善党内法规　落实从严治党

党的十八届四中全会强调，加强党内法规制度建设，完善党内法规制定体制机制，形成配套完备的党内法规制度体系，运用党内法规把党要管党、从严治党落到实处，促进党员、干部带头遵守国家法律法规。这无疑阐释了依法治国必须完善党内法规，落实从严治党的重要意义。

全面实施依法治国、大力建设法治中国，是中国共产党人必须担当的时代使命，依法治国必然要求从严治党。党章明确规定，党是中国工人阶级的先锋队、中国人民和中华民族的先锋队。确保先锋队的性质永不褪色，需要时刻紧绷从严治党这根弦，在全社会普遍遵守的法律之外，还需要完善的党内法规建设来保障。

名词解释

“党内法规”是一个约定俗成的概念，人们常说的“党规国法”中的“党规”就是党内法规，是党的中央组织以及中央纪委、中央各部门和省、自治区、直辖市党委制定的规范党组织的工作、活动和党员行为的党内规章制度的总称。

党的十八大以来，党内法规制度的“笼子”编织得更加紧密、牢固。首次发布《中国共产党党内法规制定条例》和《中国共产党党内法规和规范性文件备案规定》等党内“立法法”，迈出用制度约束权力的重要一步；集中清理1978年以来制定的党内法规和规范性文件，近四成党内法规和规范性文件被废止或宣布失效；印发《党政机关厉行节约反对浪费条例》，将加强作风建设的要求上升到党内法规的高度；《中国共产党巡视工作条例（试行）》等已有法规也正在修订。

围绕加强党内法规制度建设、形成完善的党内法规体系，十八届中央纪委四次全会不仅提出了明确的目标——着重规范政治纪律、组织纪律，做到要义明确、简明易懂、便于执行；还定下了“时间表”——确保到建党100周年时，建成内容科学、程序严密、配套完备、运行有效的党内法规制度体系。

改革越深入，全面建成小康社会的目标越临近，群众对依法保护公平正义的期待越热切，对从严治党的要求就越高。应该指出的是，在内外环境更加复杂的当下，党面临精神懈怠、能力不足、脱离群众、消极腐败等多重风险，滋生腐败的土壤依然存在，党风廉政建设和反腐败斗争形势依然严峻复杂，党员领导干部依法执政的能力还有待提高。

这必然要求各级领导干部切实领会法治精神，带头遵守法律和党内法规，带头依法办事。不仅要自觉学法、尊法、守法，提高法治思维水平和能力，运用法治方式深化改革、推动发展，也要切实改变“权力迷恋”和“大包大揽”风格，将执政履职思路彻底扭转到法治轨道上来。

从严治党没有尽期，永远在路上。党员干部要自觉运用党内法规体系把党要管党、从严治党落到实处。这是一场攻坚战，也是一场持久战，这是党的性质决定的，更是广大人民群众所期待的。

扎紧依规治党的“制度之笼”

——聚焦首次中央党内法规和规范性文件集中清理工作

一整套党内法规制度体系，为8600多万中国共产党党员确立了行为规范，其完善与否关系着从严治党、依规治党的大局。

首次中央党内法规和规范性文件集中清理工作，在摸清党内法规制度“家底”的同时，一揽子解决了党内法规制度中长期存在的不适应、不协调、不衔接、不一致问题，为形成完善的党内法规体系奠定了基础，扎紧了依规治党的“制度之笼”。

清理党规势在必行

中国共产党执政60多年，一共出台了多少“红头文件”和规章制度？一直没有一个底数。与此同时，由于从未开展过集中清理工作，党内法规制度体系当中也存在着不适应、不协调、不衔接、不一致的问题。

“就数量来讲，我们的党内法规并不少，但现实中的落实情况却不理想。其原因之一就在于有些法规不科学，有些制度不切合现实。”中共中央党校党建部教授戴焰军说。

2010年1月，中共中央印发了《中国共产党党员领导干部廉洁从政若干准则》，被认为是新时期加强党员领导干部廉洁自律工作的一部重要党内法规。

然而，有心人却发现，准则规定，禁止党员领导干部私自从事营利性活动，不准个人或借他人名义经商办企业。而此前于1984年出台的关于严禁党政机关和党政干部经商办企业的文件却规定，党政机关在职干部在不保留原来职务的前提下可以保留公职经商办企业。文件规定与准则规定明显不一致。

类似这样的问题，在党内法规制度体系中一度普遍存在——

20世纪五六十年代，中央出台了关于“三反”运动、肃反运动、整风运动，以及干部轮训、干部审查、干部下放劳动等的规定，时过境迁，事实上早已不再执行；

1985 年至 2011 年间，中央曾先后出台多个关于防止机构编制膨胀的文件，新旧文件并存造成执行困扰；

……

“这些问题的存在，有损于党内法规制度的严肃性和权威性，有碍于党内法规制度的贯彻执行。”中央党校党建部教授叶笃初说。

同时，着眼于加强党内法规制度建设、形成完善的党内法规体系，也亟需通过清理工作系统总结我们党历史上法规制度建设的经验得失，探索党的制度建设的内在规律，为深化党的建设制度改革提供科学指导。

“党执政 65 年来，形势不断变化，党内法规体系的问题已明显暴露出来，全党对健全和完善党内法规体系的呼声越来越高，中央全面推进依法治国总体部署也对党内法规制度建设提出了新的要求，对党规进行集中清理势在必行。”戴焰军说。

既是“体检”更是“健身”

从 2012 年 6 月起，中共中央部署开展了我们党历史上首次党内法规和规范性文件集中清理工作，历时两年终于摸清了“家底”：自新中国成立至 2012 年 6 月，中央出台的文件总计超过 2.3 万件，其中，规范党组织工作、活动和党员行为的党内法规和规范性文件共 1178 件。

对于清理出来的党内法规和规范性文件，中央统一采取了废止、宣布失效、继续有效等三种处理方式：

——凡文件主要内容同党章和党的理论路线方针政策相抵触，或同宪法和法律不一致的，文件已明显不适应现实需要的，文件已被新的规定涵盖或替代的，一律废止。

例如，20 世纪五六十年代一些中央文件关于刑事案件处理程序的规定，与目前刑事诉讼法的规定相抵触。这类文件都在此次被废止之列。

——凡调整对象已消失、文件事实上已不再执行的，文件适用期已过的，有关事项或任务已完成、文件不需要继续执行的，一律宣布失效。

例如，20 世纪 50 年代中央出台了一系列关于党内监察委员会的规定，由于目前党内不再设立监察委员会，这些文件事实上已失效。

——凡文件内容不存在问题的，或者虽存在一些问题但不影响继续执行的，或者目前尚无其他文件可以替代、废止时机条件还不成熟的，继续有效。文件内容存在一些问题，需作修改，但修改前也继续有效。

例如，1959 年《中央关于统一管理党、政档案工作的通知》、1965 年《中央关于党内同志之间的称呼问题的通知》等，虽有一定历史痕迹，但主要内容和精神仍然适用，对当前工作仍具有重要指导意义，在这次清理过程中被保留了下来。

这次清理，不仅摸清了党内法规制度的“家底”，还给整个党内法规制度体系进行了一次全面“体检”和“健身”，使其变得“身轻体健”——1178 件党内法规和规范性文件中 322 件被废止、369 件被宣布失效，二者合计占到 58.7%。

“清理工作一揽子解决了党内法规制度中存在的不适应、不协调、不衔接、不一致问题，为下一步形成完善的党内法规体系奠定了良好基础。”叶笃初说。

记者从中共中央办公厅法规局了解到，清理后继续有效的中

央党内法规和规范性文件，将汇编成册，以便各地区各部门遵守执行；废止和宣布失效的中央党内法规和规范性文件，将按有关规定做好存档、查档利用等工作，发挥好这些文件的历史资料价值和资政育人作用。

与此同时，各地区各部门也正按照中央要求开展本地区本部门制定的党内法规和规范性文件清理工作，预计今年底明年初全部完成。

“良法之治”重在执行

党内法规制度建设是一个不断向前推进的过程。集中清理党内法规和规范性文件虽然迈出了依规治党的重要一步，但未来还有很长的路要走。

目前，党内法规制度体系仍然存在着缺失、“碎片化”、“老化”等问题，有的规定不够科学，有的规定脱离实际、没有可行性，有的规定过于原则、可操作性不强，有的规定有要求没有问责、刚性约束力不够，造成这些规定在实践中流于形式。

比如，中央 2003 年印发的《中国共产党党内监督条例（试行）》，有些规定比较原则，操作性不强，约束力不够，在这次清理过程中虽然保留下来，但亟待修改。目前继续有效的 487 件中央党内法规和规范性文件中，像这样的有 42 件。

2013 年出台的《中央党内法规制定工作五年规划纲要（2013—2017 年）》明确提出，到建党 100 周年时全面建成内容科学、程序严密、配套完备、运行有效的党内法规制度体系。刚刚出台的《中共中央关于全面推进依法治国若干重大问题的决定》明确提出，要形成完善的党内法规体系，依据党内法规管党治党。

“要确保党内法规制度体系建设目标如期实现，还有很多工作要做。”中央党校政法部教授肖立辉指出，这次集中清理明确了党内法规制度体系的基本框架和主要构成，下一步，要研究制定一批基础主干性党内法规，整合形成一批综合性党内法规，抓紧制定一批实践亟须的党内法规，及时修订一批不适应现实需要的党内法规。

古人云，令在必信，法在必行；有法不行，与无法同。党内法规制度建设，既要实现有规可依，更要保证有规必依、执规必严、违规必究。

当前，一些地方和部门在党内法规的执行上存在着重制定、轻执行问题，有的先紧后松，有的上紧下松，有的外紧内松，有的违反后未得到及时惩处，使党内法规成了“纸老虎”“稻草人”，形成了“破窗效应”。

专家观点

中央强调注重实体性规范和保障性规范的结合和配套，就是兼顾宏观与微观。于法周延、于事简便是相互统一的，法规制度既要对执政党的目标、价值、权力、义务作出规范，又要对实施的程序和手段进行要求，建章立制归根到底是为了执行，如果只有宏观构架，落实起来缺手段、缺程序、缺操作细则，没有明确的时间、空间要求，是没有用的。

——国家行政学院教授　汪玉凯

专家建议，今后，要把强化党内法规制度执行力摆到更加突出位置，重点抓好领导干部的带头执行，充分发挥党员监督和社会监督的作用，切实加大督查惩处力度，始终保持对违纪违规行为的高压态势，确保各项制度规定真正成为刚性约束。

“要加大党内法规的公开和宣传力度，让广大党员最大限度了解党内法规的内容，使每个党员知规、懂规、敬规、守规。”肖立辉说。

党内法规制度建设永远在路上

——中共中央党内法规和规范性文件集中清理工作回眸

这是党的历史上第一次对党内法规制度进行集中清理，必将为不断推进党的制度建设注入新的动力；

这是党的创造力凝聚力战斗力不断增强的一次再出发，必将为从严治党、制度治党提供有力保障。

《中共中央关于再废止和宣布失效一批党内法规和规范性文件的决定》日前发布，标志着中央党内法规和规范性文件集中清理工作全部完成。

此次集中清理工作一揽子解决了党内法规制度中存在的不适应、不协调、不衔接、不一致问题，提高了党的制度建设科学化水平，也为全面推进依法治国提供了重要前提和政治保障。

正本清源，启动党内法规集中清理工作

建党 90 多年来，我们党始终重视党内法规建设，这为党领航中国不断取得革命、建设和改革的一个又一个胜利提供了有力的制度保障。

“然而，由于缺乏清理机制，当前党内法规建设存在一些突出问题和薄弱环节。”中央党校党史部教授谢春涛表示，随着社

会的进步，党内的规矩和制度也需要进行调整。

一个政党内部规章制度的完备程度，是其发展成熟与否的重要标志。

党的十八大以来，以习近平同志为总书记的党中央将党内法规制度建设提到了新高度，明确要求作为事关党长期执政和国家长治久安的重大战略任务，摆到更加突出位置切实抓紧抓好。

为进一步加强党内法规制度建设，2012 年 5 月，中共中央印发《中国共产党党内法规制定条例》。6 月，中央批准印发《中共中央办公厅关于开展党内法规和规范性文件清理工作的意见》，启动了党的历史上第一次党内法规和规范性文件集中清理工作。

据中共中央办公厅法规局负责人介绍，此次集中清理分为两个阶段：第一阶段清理的是 1978 年至 2012 年 6 月制定的党内法规和规范性文件；第二阶段清理的是新中国成立至 1977 年前制定的党内法规和规范性文件。

中共中央党校政法部教授肖立辉认为，摸清家底，对现存的党内法规制度做一次彻底清查整改，有利于运用党内法规把党要管党、从严治党落到实处，提高我们党依法执政的能力和水平。

固本强基，为健全党内法规体系奠定基础

“这次清理工作时间跨度大、涉及主体多、覆盖范围广、文件数量多，任务繁重。”中央党校党建部教授任铁缨说，仅第一阶段清理工作算下来平均一天就要清理 2 件。

这次集中清理工作由中共中央办公厅牵头组织实施，中央纪委机关、中央组织部、中央宣传部、中央统战部等50多个中央和国家机关共同参与，前后历时两年。

经过对新中国成立至2012年6月期间出台的2.3万多件中央文件进行全面筛查，梳理出规范党组织工作、活动和党员行为的党内法规和规范性文件1178件。清理工作共废止322件，宣布失效369件，共占58.7%；继续有效的487件，其中42件需适时进行修改。

“长期以来，一些党内制度规定在实践中流于形式，其中一个重要原因是制度本身不科学。”任铁缨说，党内法规制度建设要确保出台的党内法规制度立得住、行得通、管得了。

党的十八届四中全会提出建设中国特色社会主义法治体系、建设社会主义法治国家的目标，并将“形成完善的党内法规体系”作为其中一项重要内容。

有关专家表示，集中清理工作为健全党内法规制度体系、深化党的建设制度改革奠定了坚实基础。

与时俱进，不断增强党内法规制度生命力

93年的砥砺前行，中国共产党历经考验，已经成为拥有8600多万名党员、430多万个基层组织的政党。“家大业大”，管好不易。党内法规制度建设尤为重要。

“当前党内法规执行情况总体上是好的，但也存在一些重制定、轻执行问题，产生‘破窗效应’。”肖立辉说。

党的十八届四中全会提出，注重党内法规同国家法律的衔接和协调，提高党内法规执行力，运用党内法规把党要管党、从严

治党落到实处，促进党员、干部带头遵守国家法律法规。

令在必信，法在必行。国家行政学院法学部教授胡建淼认为，党内法规制度建设既要实现有规可依，更要保证有规必依、执规必严、违规必究。

中央办公厅法规局负责人表示，下一步，要在强化党内法规制度执行力的基础上，继续研究制定一批基础主干性党内法规，整合形成一批综合性党内法规，抓紧制定一批实践亟须的党内法规，及时修订一批不适应现实需要的党内法规，有效解决党内法规制度中存在的缺失、“碎片化”、“老化”等问题。

“党内法规制度建设是一个不断向前推进的过程。”任铁缨说，集中清理之后，适应世情国情党情的发展变化，在党内法规和规范性文件中吸纳这些年党建创新的成果，党内法规制度将更加具有生命力，将为党的制度建设和依法治国提供更好的制度保障。

清理党规迈出依规治党重要一步

日前，中共中央决定，再废止和宣布失效一批党内法规和规范性文件，标志着我们党历史上第一次中央党内法规和规范性文件集中清理工作全部完成。

犹如治水先固坝、导流先通渠，在党的十八大对加强党的建设作出全面部署、党的十八届三中全会要求深化党的建设制度改革、党的十八届四中全会将党内法规体系纳入全面推进依法治国范畴后，中央党内法规和规范性文件集中清理在加强党内法规制度建设、推进依规治党方面迈出重要一步，意义重大而深远。

依规治党，先要打造好制度的笼子，既要扎紧扎牢，又要设计好形状大小。徒具形式，“牛栏关猫”不行；疏于打理，松懈乏力不行；不起作用，沦为“稻草人”也不行。同时，制度的设计还要科学合理，适应党的建设和党的工作需要。

新中国成立60多年来形成的大量党内法规和规范性文件，存在着不适应、不协调、不衔接、不一致等问题。集中清理，就是要对党内法规制度开展全面“体检”，在“瘦身”的同时实现“健身”，摸清党内法规制度“家底”，找出尚存的不足，解决存在的问题，达到协调统一、有效管用。这不仅将为进一步健全完善党内法规制度体系打下坚实基础，也将有力促进党内法规制度的遵守与执行。

专家观点

当前的清理工作只是开个头，而且“清理”本身不是目的，接下来还要搞制度体系建设，建立长效机制，这些工作决不会是一阵风。一个有着强大生命力的政党，应在经验积累的基础上，努力找到不断促进自身健康发展的法规，从党章到其衍生的各种具体有效法规，一旦为全党所完全认识并实际应用，必定会化为强大的现实力量。

——中共中央党校教授　叶笃初

清理工作结束，标志着党内法规制度建设进入一个新阶段。下一步，只有运用好取得的成果，一方面及时修订不适应现实需要的党内法规制度，解决制度建设中存在的缺失、“碎片化”、“老化”等问题，另一方面，提高党内法规制定质量，确保出台的党内法规制度立得住、行得通、管得了，“到建党100周年时全面建成内容科学、程序严密、配套完备、运行有效的党内法规制度体系”这个宏伟目标，才能如期实现。

令在必信，法在必行。实现了有规可依，还要保证有规必

依、执规必严、违规必究。党内法规执行中存在重制定、轻执行，先紧后松、上紧下松、外紧内松等现象，导致“破窗效应”，严重损害党的权威和形象。

只有把强化党内法规制度执行力摆到更突出位置，以抓铁有痕、踏石留印的精神落实好各项党内法规制度，抓好领导干部的带头执行，强化各方面监督作用，加大对违规违纪行为惩处力度，才能维护党内法规制度的权威，使从严治党、依规治党落到实处，以依法执政带动和促进依法治国，为依法治国提供可靠政治保证和有力制度保障。

5 科学立法
——中国立法进入转型新阶段

法律是治国之重器，依法治国需要以良法为基石。“立善法于天下，则天下治，立善法于一国，则一国治”。从四中全会提出的总目标看，建法治中国，立法要先行。随着时代发展，有的法律法规已经滞后了，在解决现实问题方面显得力不从心，这就需要及时对这些法律法规进行调整，从而让人民群众享受到更多的“法治红利”。有关部门应创造更多条件，让公众能够有序参与立法进程，以民主的力量确保立法的质量，以立法的严谨保障法治的科学，在民主与法治的良性互动中，共同见证法治中国前行的每一个脚步。

从数量激增到质量飞跃
——中国立法进入转型新阶段

立法是法治的基础，良法是善治的前提。“立善法于天下，则天下治，立善法于一国，则一国治”。改革开放以来，我国立法成就巨大，“无法可依”现象基本消除。当前，我国正以科学立法、民主立法为根本途径，不断深化立法改革、提高立法水平，从数量激增到质量飞跃的立法转型良景可期。

法律体系已经形成 有法可依基本实现

立法在我国法制建设各领域中进展最快、成果最大，这是记者在20余个省区市采访时各界人士的普遍结论。经过30多年的努力，“文革”结束后法律空白、法治荒芜的“无法可依”状况已根本改观，国家和社会生活各方面总体上实现有法可依。

改革开放以来，我国的立法速度、立法数量世所罕见。中国法学会副会长张文显说：“中国人民用30年的时间走完了西方发达国家三百年的立法进程。我们已经成为一个名符其实的法律大国”。

新时期法制建设开端最明显的标志是1979年的大规模立法。1979年7月，五届全国人大二次会议审议通过了刑法、刑事诉讼法、地方各级人大和地方各级政府组织法、全国人大和地方各级人大选举法、法院组织法、检察院组织法、中外合资经营企业法等7部重要法律，成为立法史上的奇迹。

2010年我国形成了以宪法为统帅，由法律、行政法规、地方性法规三个层次的法律规范构成的中国特色社会主义法律体系。

截至2013年年底，全国人大及其常委会制定了243部现行有效法律；国务院制定了680多件现行有效的行政法规；地方省级人民代表大会及其常委会制定、批准了9000多件现行有效的地方性法规。

立法成果丰硕，成了改革发展的"护卫舰"、"破冰船"，维护社会良性运转、引领国家稳步前行。中国特色社会主义法律体系确立了国家发展中带有根本性、全局性、稳定性和长期性的一系列重要制度，成为中国特色社会主义长治久安的法制根基、改革创新实践的法制体现、国家兴旺发达的法制保障。

立法体制不断健全　有法难依值得关注

中国特色立法体制不断健全。1982 年宪法规定了我国实行统一而又分层次的立法体制的宪法基础，此后采用了一般立法、授权立法、特区立法等方式，使宪法确立的立法体制在实践中得到不断充实和发展。2000 年 3 月颁布的《中华人民共和国立法法》进一步完善了我国立法体制。

目前，草案公开、立法听证、立法评估等立法新机制在全国已日益普及、完备。2005年9月个人所得税法修正案草案听证会在北京举行，这是国家立法机关第一次举行立法听证会。2008年4月开始全国人大常委会审议的法律草案向全社会公开征求意见，同时健全公众意见采纳情况反馈机制。

2013年十二届全国人大常委会先后对旅游法草案等4部法律草案内容的可行性、法律出台时机以及实施后的社会效果进行立法前评估，使立法工作更加科学周全。

中国特色社会主义法律体系形成后，我国立法任务依然艰巨。在“有法可依”总体实现的情况下，“无法可依”在一些地方不同程度存在，社会、民生、行政等领域立法近年来不断加强，但仍留有一些立法空白点。

“没有红绿灯，就会有人随便闯。”安徽省委常委、合肥市委书记吴存荣说，现在一些执法部门不守法，有不少是无法可依导致的，比如在金融监管中，商业银行法只管商业银行，不包括担保公司、小贷公司、互联网金融等新业态。

立法进入转型期　立法改革正提速

2014年8月25日，立法法修正案草案首度提请全国人大常委会审议。草案从完善授权立法，健全立法起草、论证、审议等机制，公布立法规划、年度立法计划，赋予设区的市地方立法权，加强备案审查，增加法律通过前评估制度等方面，在现行法律的基础上做了修改和完善。

一些长期从事立法工作的人士认为，修改立法法标志着我国科学立法进入法律保障新阶段。事实上，我国立法体系、能力存在一系列“短板”，制约立法提质增效发挥引领、推动、保障作用：部门主导痼疾难消、“立法不作为”露出苗头、立法腐败须警惕、资源分配不科学、公众参与实效不足、立法监督难落实处、立法队伍人才紧缺，等等。

> **专家观点**
>
> 要发挥常委会在立法工作中的主导作用，完善人大代表参与立法的工作机制，做好立法项目论证、法律案通过前评估和立法后评估工作，健全法律草案公开征求意见工作机制和公众意见采纳情况反馈机制，加强法律解释工作，督促法律配套法规的制定和修改等。把推进科学立法、民主立法作为提高立法质量的根本途径，进一步加强和改进立法工作，继续朝着精细化立法的方向努力。
>
> **——全国人大常委会法工委立法规划室副巡视员　诸政红**

科学高效的立法体系、立法能力是立法转型发展的制度支撑、提质增效的资源保障。站在新的历史起点上，随着立法自身发展阶段的变化、经济社会转型、发展方式转变，我国立法已进入重要转型期。立法目标从注重立法数量、速度转变为更加重视立法质量，以提高立法质量为核心确保法律好用、管用；立法结构从注重经济领域立法转变为社会、文化等各领域立法齐头并进；立法理念从注重维护公权、便于行政转变为重视规范公权、保障私权、尊重人权。

江苏省人大常委会法工委副主任王腊生说，为适应推进国家治理体系和治理能力现代化的要求，我国立法体制改革已势在必行。

开门立法：别把征求意见当定稿

日前公布的《存款保险条例（征求意见稿）》，意味着酝酿多年的金融改革有了实质性进展。伴随着改革进入深水区，法治中国建设提速，越来越多的“开门立法”体现了打造透明政府、法治政府的决心。让这种民主立法形式更好地凝聚社会共识，还需要各方有一个理性、建设性讨论氛围，需要立法部门真正“敞开胸襟”，真诚对待收集而来的民意民智。

改革开放之初，全国人大常委会曾创下一天通过 6 部法律的纪录。这与当时社会发展对立法效率的要求超过质量要求有一定关系，当时公众民主参与的重要作用并未凸显。近年来，从曾经的“闭门立法”到逐渐“开门立法”，民主立法渐渐融入公众意识、立法规程。不过需要注意的是，这一过程中应避免一些形式主义的误区。

转型时期利益的多元化，自媒体时代表达意见渠道多样化，为民主立法、“开门立法”带来便利，也增加了难度。例如此次存款保险条例“开门立法”过程中，就有把征求意见稿当成定稿来解读的声音，这对立法的民主性来说是一种误导。

此外，在一些不成熟的网络舆论场，丝毫容不得理性讨论的声音，简单站队选边，拒绝心平气和的辩论。这些极端的非理性态度增加了一些部门对公开征集意见“收不了场”的担心，继续走“闭门造车”“一锤子买卖”式的立法。

一些涉及部门的立法，民意征求遭遇“零意见”尴尬。这并不是因为征集意见的法条已经尽善尽美，反映的恰恰是立法部门在向公众征求意见后，缺乏有效反馈机制。一项草案在征求意见之后，哪些意见在最终决策时被吸收，哪些意见没有吸收，吸收与否的理由依据是什么等，都是公众渴望知道的。立法部门征求

“一锤定音”　　新华社发　大巢　作

意见有始无终、有呼无应的做法，会降低公众参与立法意见表达的意愿。

依法治国需要以良法为基石。《中共中央关于全面推进依法治国若干重大问题的决定》提出，要拓宽公民有序参与立法途径，健全法律法规规章草案公开征求意见和公众意见采纳情况反馈机制。近年来，旅游法、不动产登记暂行条例等法规的制定，都体现出公众有序参与的热情，体现了广纳民意民智的民主立法要求。

民主立法的核心是为了人民、依靠人民。法律制定过程去暗箱化、去部门利益化，这样才能更好地找到社会意见的“最大公约数”。这需公众共同维护好理性表达、建设性讨论的氛围。更关键的是，立法部门对征求来的意见无论采纳与否，应尽量给出解释和回应，变单向征集为双向的互动，这样的“开门立法”，将会有效增强法治建设的民意基础。

民意、民智、民主

——科学立法的地方实践

至2014年9月，中国人大制度历经60载，一个甲子的沧桑，成效斐然，特别是在立法方面。为了立“良法”，行“善治”，上海、北京、广东、浙江、安徽、福建等地积极探索，突破“闭门造车”樊篱，全面倾听民意，充分吸纳民智，力促民主立法，确保立出的法管用好用。

倾听民意，前论证后评估，延长立法链条

上海人大工作研究会会长姚明宝介绍，为避免法律“中看不中用”，一些地方探索制定立法立项的准入标准，对要求立法的项目开展立法前论证，走下去倾听民众意见，以减少决策随意性。有的地方在立法后，邀请第三方评估，延长立法链条，让程序更完善，使“出笼”的法律法规经得住实践检验。

——做实立法前论证，避免应急突击立法。北京市人大常委会2008年开始探索立项论证工作。拟列入年度立法计划项目的，由北京市政府主管部门提出立项报告，人大常委会有关部门提出立项论证报告，提交常委会主任会议审定。主任会议对立项论证

报告讨论后，决定立项、不予立项或暂缓立项。除特殊情况外，未经论证的项目不列入立法计划。

上海市立法研究所副所长郑辉告诉记者：“我们借鉴了北京的经验，经前期充分论证，出台了《上海市防震减灾条例》。”

郑辉介绍，汶川地震后，上海市地震局提出要对防震减灾立法。立法研究所承接后阻力极大，很多部门不理解，认为上海不在地震带，立法易引起社会恐慌。

立法研究所前期论证查明，国家规定上海是7度设防的特大型城市，超200米以上建筑全国最多，而且农村地区很多民房没有圈梁，一旦地震，易群死群伤。

郑辉说：“讨论过程针锋相对，我就提议持不同意见者去汶川灾区看一看。在汶川映秀镇，当得知踩的水泥板下埋有6000多人时，同行者心情沉重，认为防震减灾意义重大，必须立法。”随后，《上海市防震减灾条例》全票通过，并受到好评。

——第三方评估，走出“立后弃管”困局。浙江省政府法制办主任孙志丹介绍，为检验立的法是否管用，浙江省创新立法后评估制度，引入第三方评估，中立客观地对法的质量进行评价。

孙志丹告诉记者：“近期，对《浙江省能源利用监测管理办法》和《浙江省环境污染监督管理办法》实施情况进行后评估，第三方客观提出问题，非常有针对性和操作性，我们立即借鉴，做出相应调整。”

“江苏在立法后评估方面也在不断探索。”江苏省政府法制办副主任高建新介绍，江苏去年出台《爱国卫生条例》，专门有一章针对烟雾危害控制问题，实施后社会反响很大，认为不具操作性。争议最大的就是哪些公共场所需要禁烟，机关会议室可不可以、饭店可不可以？为此，江苏搞了立法表决权评估论证会，请来各方代表，有烟民、烟厂、疾控专家、执法人员，让他们充分发表意见。通过评估论证、调查分析，最终确定 9 大类场所要禁烟，调整后各方都比较认可。

吸纳民智，广参与博吸收，力促开门立法

为最大限度凝聚共识、积聚民众智慧，力促开门立法，很多地方创新举措，广泛征求民众意愿，充分吸纳专家智慧，让各方博弈更充分，取得了较好效果。

——广征民众意愿，让博弈更充分。湖北省人大常委会 2010 年利用网络，对《湖北省就业促进条例》二审稿的审议过程进行现场直播，网民轻点鼠标即可坐在家里“旁听”会议分组审议情况。同时，有关广播电台、电视台也都进行了实况录播。

山东省人大常委会为探索民主立法、开门立法新的方式方法，对《山东省旅游条例》在网上进行立法听证。

吉林省社科院副院长黄文艺说，探索网络立法听证，除可节省人力物力外，最大优点在于为听证人与听证陈述人之间提供了一个反馈意见的平台，听证会结束，仍可在网上对听证意见采纳与否作出回应。

“立法中如何问计于民，广州也进行了探索。”广州市政府法制办主任吴明说。去年开始，广州市政府设立公众意见征询委员会，凡涉及重大民生决策的事项，均需成立公众意见征询委员会，经过征询民意后再作决策，实现政府和市民良性互动。

真诚对待　　新华社发　程硕　作

——专家成“智囊”，防止部门利益化。浙江省不断强化“行家立法”，由40名法学、经济学、金融学、劳动和社会保障等方面专家学者，组成省政府立法专家库，这些“智囊”在立法中发挥了至关重要的作用。

> **专家观点**
>
> 中国立法在快速增数后，开始逐渐转向注重质量的“精耕”立法时代。
>
> ——中国人民大学法学院教授　朱景文

广州市人大常委会数年前就建立了立法顾问论证制度，每届人大常委会聘请12名本地区学术水平较高、立法经验较丰富的专家学者和领导干部担任立法顾问。日前，《广州市既有住宅增设电梯暂行办法》就是通过多次召开由律师、法官参加的专家论证会，大范围、多层次地征求意见，较好地化解了难题。

安徽省人大法工委主任吴斌告诉记者，安徽省也在探索立法主体多元化。“科学立法首先是选题的科学性，要把老百姓需要的法立出来，因而要求草案的提出一定要多元化，兼顾情感性。为此安徽省尽可能多地吸纳学者、社会组织参与立法。”

力促民主，创新机制形式，确保管用好用

立什么样的法，是否科学，人大代表审定非常关键，为了让他们更好地履职，发挥更大作用，许多地方组建专业代表小组，解决立法中遇到的专业难题。有的地方创新设立立法基层联系点，让立法更接“地气”更民主。

——创新机制，专业人士“操盘”确保法管用。北京市目前成立了教育、科技、文化、卫生、体育、妇女、农业、民族宗教、城建环保9个专业人大代表小组，由人大各专门委员会结合工作需要，吸纳本领域及以外的相关代表参加。每个小组20至30人不等，在“闭会期间”开展视察、调研活动，为推动北京市各方面立法作出贡献。

天津探索开展专业人大代表小组活动，现已设立内务司法、综合经济、城市建设等13个专业代表小组。全市有88%的人大代表分别参与，充分发挥代表们的专业特长。

福建省人大常委会委员、研究室主任徐平介绍，立法离不开

参 与　　　　新华社发 徐骏 作

人大代表，福建省充分调动各级人大代表积极性，调研型代表越来越多。以前调研主要是省级人大代表，如今市区县人大代表，也都积极下去调研。

——设立立法基层联系点，接“地气”让内涵更切实。记者了解到，湖北省人大常委会在9个县乡基层单位，创新设立立法基层联系点，基层群众对具体地方立法、立法规划及对法律法规执行难点的意见和建议，可随时向人大代表反映，畅通了公众立法诉求渠道，而人大代表也可从民众中汲取智慧。

吉林省社会科学院法学所所长于晓光说，设立立法基层联系点是一个创新举措，为人大代表履职提供信息和智慧，也让立出的法更接“地气”，更有内涵，更切合实际。

众多专家认为，无论是延长立法链条、让民众和专家深度参与，还是创新机制和形式，用足用好人大代表资源，这些探索对推进我国科学立法、民主立法都有较强的借鉴意义。

6 为权力划界
——聚焦立法法修订

立法法是规范国家整个立法活动的根本依据。十二届全国人大常委会第十二次会议审议的立法法修正案草案，对立法体制、科学立法、民主立法，对更好地发挥人大在立法中的主体作用都做了很多细致的规定，无疑是一种进步。尤其是立法法修正案草案第82条，将地方规章、法规立法的程序正义明确书写于法条，为地方政府的权力划清了边界，有望解决存在多年的地方红头文件权力过大、方向跑偏等问题。

以明确的边界和程序防权力“任性”

十二届全国人大常委会第十二次会议，审议了立法法修正案草案。草案中规定，地方政府规章不得设定减损公民、法人和其他组织权利或增加其义务，引发各界关注。这意味着，一些限行、限购、限贷等地方限制性行政手段，今后将不能再“任性”。（12月28日《解放日报》）

近年来，从车辆限行常态化到房地产限购、限贷，地方政府的限制性行政手段越来越多。对此，坊间有两种截然不同的看法：很多专家认为限行、限购等涉嫌违法，理由是没有获得法律授权，侵犯了公民财产权等；也有法学专家认为不违法，理由是这属于政府处置权范畴，政府有这种变通的权力。

圆“规” 新华社发 商海春 作

从依法治国的角度来说，地方政府随意采取限制性行政手段，可能确实不合理不合法。因为地方政府的权力只有在受到法律严格约束的情况下，才不会损害公民权益。即使限行、限购是为了公共利益，但地方政府在正式采取这些措施之前，也必须要拿出法律依据，通过法定程序之后行使权力，而不是“任性”地限这限那。

因此，这次立法法修正案草案严格规范地方政府权限以保障公民权益，一旦获得通过，将是一次巨大的进步。但也要注意到，相关法律必须要保持统一。比如，大气污染防治法修订草案第 45 条是授权条款，即授权地方政府可以限制机动车通行。相关法律最终不能“打架”，限制地方政府限行手段应成为法律共识。

虽然限制地方政府限行手段是十分必要的，但不等于彻底“限死”了地方政府。一方面，地方政府可以通过地方性法规获得授权。如果制定地方性法规条件尚不成熟，因行政管理迫切需要，可以先制定地方政府规章——但这有两年期限。也就是说，现行法律已给地方政府通过规章来限行留下了一定空间。

另一方面，大气污染防治法修订草案第 72 条规定，“县级以上地方人民政府应当依据重污染天气的预警等级，及时启动应急预案，根据应急需要可以采取包括限制或者禁止部分机动车行驶等应急措施。”这意味着，在情况紧急的时候，地方政府也可以采取临时限行措施。

这些都说明，立法者考虑问题比较全面，既严格限制地方政府的权力，又给地方政府留出一定空间。从某种程度而言，这让公民权益与政府权力实现了一种“平衡”。相比目

哪些事项可以制定地方性法规?

立法法修正案草案二审稿关于地方立法权作了三个主要修改：

一是规定较大的市（包括设区的市）制定地方性法规的权限为：可以对城市建设、城市管理、环境保护等方面的事项，制定地方性法规。同时规定“法律对较大的市制定地方性法规的事项另有规定的除外”。

二是对原有 49 个较大的市已经制定地方性法规的，规定其涉及上述事项范围以外的，继续有效。

三是根据全国设区的市的实际情况，对省级人大常委会确定赋予设区的市开始制定地方性法规的具体步骤和时间，在一审稿规定需要综合考虑“人口数量、地域面积、经济社会发展情况”的基础上，增加了“立法需求，立法能力”等因素。

前而言，这种进步至少体现在两点：一是把政府权力关进了法律的笼子；二是公民相关权益在法律上获得了保障。

规范地方政府权限，关键在于三个方面：首先，法律要明确地方性法规与地方政府规章的边界，或者说政府权力的边界——哪些公共事项由地方性法规授权，哪些由地方政府规章授权，必须明确。显然，地方政府自我授权事项越少越好，凡是涉及大多数人利益的事项，都应由国家法律及地方法规授权。

其次，法律要明确地方政府实施限制性行政手段的程序。比如说，今后地方政府想限行、限购，不能由地方政府关门决策，而是要根据法定程序进行决策。那么，法律不仅要明确决策的具体程序，还要明确决策的形式，以及由谁参与决策等。只有科学化、民主化决策，才能确保决策的程序正义。

另外，法律还要明确执法监督检查和责任追究。众所周知，以前一些地方政府的行为，严格说来已涉嫌违法违宪。所以，在相关法律限制地方政府权力的同时，为防止修订后的法律成为摆设，必须在法律中强化执法监督检查和问责——凡是没有依法办事的地方政府，理应依法问责。

为有良法可依打好立法基础

十二届全国人大常委会第十二次会议审议了立法法修正案草案。其中，针对草案的地方政府规章不得设定减损公民、法人和其他组织权利或增加其义务的规范，引发各界关注。

立法法是规范国家整个立法活动的根本依据。此次的立法法修正案草案二审稿，对立法体制、科学立法、民主立法，对更好地发挥人大在立法中的主体作用都做了很多细致的规定，无疑是一种进步。

尤其是立法法修正案草案第 82 条，将地方规章、法规立法的程序正义明确书写于法条，为地方政府的权力划清了边界，有望解决存在多年的地方红头文件权力过大、方向跑偏等问题。

长期以来，地方通过一纸红头文件就随意限行、限购等问题既有上位法存疑的质疑，也存在不符合程序正义的问题。“半夜鸡叫”限行、限购，好处是调控效果立竿见影，但实用主义不能替代依法行政，好心不能替代程序正义，勺子不能比锅还大。因此，从源头予以规范势在必行。

值得注意的是，有参加讨论的全国人大代表认为，因为立法法修正案本次拟规定，应当制定地方性法规但条件尚不成熟的，因行政管理迫切需要，可以先制定地方政府规章。规章实施满两年需要继续实施规章所规定的行政措施的，应当提请本级人大或其常委会制定地方性法规。也就是说立法法拟赋予地方立法权，但是地方立法一定要让民众参与，不能地方领导一拍脑袋就定了。应召开听证会，让更多的人参与进来。

哪些地方具有立法权？

2014 年 8 月审议的立法法修正案草案一审稿，将过去 49 个较大的市享有的地方立法权扩大至全部 282 个设区的市。此后在向各地征求意见时，一些较大的市提出，将已经享有地方立法权的 49 个较大的市与 233 个其他设区的市置于同一“起跑线”，大大削减了 49 个较大市的立法权限。建议分别情况，区别对待，实行“老城老办法，新城新办法”。

《中共中央关于全面推进依法治国若干重大问题的决定》指出，立法工作中部门化倾向、争权诿责现象较为突出。因此，防止立法的部门化、地方化利益倾向尤为重要。正如有的委员所说，现在存在“国家的权力部门化、部门的权力利益化、部门的利益法定化”的现象，部门立法在“治民”和“治官”的关系上，往往强调“治民”。因此，在今后的立法过程中也要防止部门或地方利益的法律化。尤其是涉及公民权利义务方面的事项，更要经过人大的立法程序。

只有良法才有善治。一部科学、民主的立法法是有更多良法可依的重要保障。随着改革不断深入和法治中国提速，立法活动也相对加快，提高立法质量、保证法律的实施效果是依法行政的重要保障。各地、各部门应重视运用法治思维和法治方式，发挥法治的引领和推动作用，加强相关立法工作的协调，确保在法治轨道上推进改革，进一步发挥立法法的指导、促进和保障作用。

没有法律依据的地方政府权力不能再“任性”

十二届全国人大常委会第十二次会议审议了立法法修正案草案。其中，草案中的地方政府规章不得设定减损公民、法人和其他组织权利或增加其义务的规范引发各界关注。这意味着，一些限行、限购、限贷等地方限制性行政手段，今后将不能再“任性”；而且一旦有些地方规章实施满两年，接下来要么依法成为地方性法规，要么就得及时废止。

此次立法法修正案草案第 82 条对地方政府规章权限进行规范，是对党的十八届四中全会提出行政机关“法无授权不可为”等精神的忠实体现。修正案草案同时还规定，应当制定地方性法规但条件尚不成熟的，因行政管理迫切需要，可以先制定地方政

规 矩　　　　新华社发 朱慧卿 作

府规章。规章实施满两年需要继续实施规章所规定的行政措施的，应当提请本级人大或其常委会制定地方性法规。

长期以来，一些涉及公民权利义务方面的民生事项，原本应该制定地方性法规，但却仅仅制定了地方政府规章。一些地方的限购、限行、限贷等行政手段对公民权利造成侵犯、僭越的事情时有发生，恣意减损公民的权利或增加其义务。

以不少城市实施的汽车限行为例，北京中勉律师事务所高级合伙人黄莉凌说，从我国民法、物权法角度来看，公民对汽车拥有所有权，也就是拥有对于汽车的占有、使用、收益和处分的权利。限行常态化后，汽车的使用权受到影响，这实际上已经使得全价购买的汽车在使用时被强制性“贬值”，构成了对公民财产权利的一种侵犯。

如果立法法修正案草案的新增规定日后获得通过，那么一些实施已经超过两年的地方性规章或红头文件将面临法治的考验，若想继续实施则必须经本级人大立法程序，上升为地方性法规。而一些与上位法明显相抵触的地方性规章则须及时修改或废止。

不难看出，此次立法法修改的部分内容，一是更加注重保障公民权益。只要关系到公民合法权利和义务的地方性法规和规章都要于法有据。通过对地方政府规章与法规的权限划分，也进一步厘清地方政府权力的边界。二是体现了对法律的尊重。宪法、法律、行政法规、部门规章严格按照一定的层级关系，立法法的修改就是要用法律确定这种关系。

北京市汇佳律师事务所主任、北京市消费者协会法律顾问邱宝昌认为，原来的立法法“非常原则”，很多规定和法条有很强的概括性，这样很容易造成对公民减损权利或者增加义务。立法法修正案草案这一亮点可以更好地保护公民的合法权益。限行、限购、摇号，都存在法律依据不足的问题，都是在极端情况下施行的，法律依据值得商榷。行政手段可能确实行之有效，但是不一定合法，不一定公平，如果要达到公平，必须通过立法的手段。

良法是善治的前提，各级政府需要不断提高开门立法、科学立法、民主立法的水平。这就需要立法时更加注重拓宽群众有序参与的途径，广泛凝聚社会共识。与此同时，也要防止有些部门和地方利益被法律化，不能让公民权利被“合法”侵犯。

2015年中国立法前瞻

2015年对于立法工作来说，特殊而重要。我们对2015年有望提请全国人大及其常委会审议的部分法律草案进行了梳理。让我们一起走近那些我们期待的立法。

立法法

【立法背景】

立法是国家通过法定程序将国家意志制度化、法律化，创制法律规则的重要政治活动。党的十八届四中全会决定指出，健全有立法权的人大主导立法工作的体制机制，发挥人大及其常委会在立法工作中的主导作用。

从中国特色社会主义法律体系宣告形成，到提出建设中国特色社会主义法治体系，我国的立法工作，面临着不少新的更高要求。

【审议过程】

2014年8月，立法法修正案草案提请十二届全国人大常委会第十次会议初次审议。草案一审稿共28条，在总则第一条增加了“提高立法质量”“发挥立法的引领和推动作用”等表述，进一步明确了立法目的。在立法权限、立法程序、行政法规和规章等方面的修改，得到了常委会委员们的一致认可和肯定。草案一审时，也有不少委员就地方立法权的“边界”界定展开了热议。

同年12月，草案提请十二届全国人大常委会第十二次会议二审。草案二审稿进一步明确了中央和地方的立法权限、规范了地方政府规章权限，进一步发挥人大代表在立法中的作用，细化了深入推进民主立法、科学立法，建立单独表决制度，加强备案审查等方面的规定。

审议中，常委会组成人员就“税收法定原则”和“地方政府规章权限”等展开热议，强调了立法机关的权力以及保护公民权利的基本原则。

【立法前瞻】

根据十二届全国人大常委会第十二次会议通过的决定，立法法修正案草案将提请十二届全国人大三次会议审议，这既明确了2015年将对立法法修正案草案进行三审的信息，也体现了该法的重要性。

综合前两次审议的情况，草案三审必将进一步体现党的十八届四中全会精神。按惯例，草案经过三审将提交表决通过，如获通过，修改后的立法法将从立法权限、程序、体制机制等方面作出细化规定，进一步完善我国立法工作。

资产评估法

【立法背景】

随着市场经济的发展，大到国有企业改制、企业股票上市、跨国兼并、企业品牌评估，小到融资贷款抵押、房屋拆迁补偿、农地占用补偿、珠宝首饰鉴定估价……资产评估在经济社会发展过程中发挥的作用越来越大。

然而，目前我国在这方面只有1991年国务院颁布的《国有资产评估管理办法》，由于这部行政法规侧重于处置国有资产的评估规范，无法适应市场经济发展对评估立法的需求，该行业急需一部系统性、全局性的法律。

【审议过程】

2006年成立资产评估法草案起草组、2012年2月提请十一届全国人大常委会第二十五次会议首次审议、2013年8月提请十二届全国人大常委会第四次会议进行二审，资产评估法草案历经多次修改完善，酝酿多年，仍未出台。

为打破部门分割，草案一审稿规定，由国务院财政主管部门会同其他相关行政主管部门制定统一的评估基本准则，包括执业基本准则和执业道德准则。

草案二审稿提出了“统分结合”的改革思路，体现了新一届政府“简政放权”的改革思想。即在行政管理上由国务院建立资产评估行业管理协调配合机制，负责协调和指导行业发展，逐步取消评估机构的设立许可，同时尊重各个不同专业的现状，加强行业协会管理力度。

此后，草案二审稿向社会公开征求意见，共收到32642条意见，足见社会对这部法律的关注度之高。

【立法前瞻】

立法法规定，经过两年没有再次列入议程审议的，该法律案终止审议。列入2014年立法计划的资产评估法草案未能如期安排审议，因此，2015年应该会审议这部法律案。

专家建议，三审稿应在法律责任上进一步规范，如对无资格执业情况加重处罚；要细化民事赔偿的责任，避免界定得过于宽泛，从而推动行业健康发展。

广告法

【立法背景】

近年来，我国因广告产生的纠纷越来越多。随着广告业迅速发展和互联网广泛应用，现行广告法的有关规定过于笼统，对一些新问题、新情况缺乏规范，约束力明显不足。

【审议过程】

我国现行广告法自 1995 年 2 月 1 日起开始施行。2014 年 8 月，十二届全国人大常委会第十次会议对广告法修订草案进行了初审。草案一审稿中关于“广告荐证者”的相关规定当时引发热议，明星代言的产品一旦损害了消费者合法权益，要依法承担连带责任。

2014 年 12 月，十二届全国人大常委会第十二次会议对草案进行第二次审议。草案二审稿对医药广告、烟草广告等作出了更严格的限制。此外，针对网络逐渐成为广告发布的重要媒介等新情况，草案不仅明确网络要遵守其他媒介广告的一切“游戏规则”，同时还要求网页弹出广告、飘窗广告必须能一键就关掉。

分组审议中，常委会组成人员对此表示赞同，认为广告法应当设立“禁区”，最大限度保护公众，尤其是烟草广告应当全面禁止，这对于保护人民健康、预防青少年吸烟意义重大。

2014 年 12 月 30 日至 2015 年 1 月 19 日，全国人大常委会就该草案二审稿面向社会公开征求意见。

【立法前瞻】

2015 年，经过两次审议的广告法修订草案有望进行三审。烟草广告何去何从、如何加强未成年人权益保护和广告监管者责任，是值得关注的焦点。

大气污染防治法

【立法背景】

我国现行大气污染防治法是 1987 年制定的，2000 年修订时重点加强了对二氧化硫的排放控制，对防治烟煤型污染发挥了重要作用。近年来，随着雾霾频发，重污染天气频现，完善控制大气污染的法律法规势在必行。

【审议过程】

从法律名称看，“修订”是对法律进行全面的修改。2014 年底，提请十二届全国人大常委会第十二次会议进行初审的大气污染防治法修订草案即是此意。现行法律共 7 章 66 条，草案则有 8 章 100 条，强化和明确了政府的环保责任、排放总量控制和排污许可、重点领域大气污染防治、重点区域大气污染防治、重污染天气的预警和应对、法律责任等方面。

草案最引人关注的是取消了现行法律对造成大气污染事故罚款“最高不超过 50 万元”的封顶，从而大幅增加了企事业单位的违法成本。

审议过程中，常委会组成人员紧盯草案第 45 条向地方授权限制机动车通行的条款，担心其将成为“机动车单双号限行常态化”的法律依据。

【立法前瞻】

由于党的十八届四中全会的明确要求，加之草案经过一审，2015年草案很有可能提请全国人大常委会进行二审。届时，“机动车单双号限行常态化”等问题，依然将是备受关注的焦点。

此外，为落实党的十八届四中全会精神，一些涉及经济、文化、市场监管、生态文明建设、网络安全以及构建国家安全等方面亟须完善或出台的法律，在2015年也有望进入审议环节。

7 为国家治理现代化筑基
——聚焦财税领域法制建设新进展

一个国家税收制度的状况，直接影响着居民的税负、税感以及收入状况，影响着政府与民众的关系。正是由于税收在经济与社会中的地位和作用如此重大，党的十八届三中全会才明确了“税收法定原则”，使之成为我国未来改革的主要方向。“税收法定”的实质，就是把政府征税的权力关进“法律的笼子”。因此，让税收法定的原则铭刻在法律条文中，既是对程序正义的捍卫，也是国家现代治理能力的体现。

财税法治体系：理财治国之重器

●财税改革需要财税法治予以保驾护航，优化财税法治体系是深化财税改革的压舱石和最优路径。但在过去很长一段时间里，我国的财税法治建设未能得到充分重视，远远滞后于财税改革的进度，“立法阻碍改革”的观点一度占据主流话语。其结果是，一系列财税改革的正当性和合法性颇受质疑，财税改革也变得短视、部门利益化，以致陷入困局。

●考虑到我国现行《宪法》对财税问题关照不足，应当积极推动将财政法定原则、税收法定原则以及中央与地方间财政关系等写进《宪法》，为财税立法和财税改革打牢宪法基础。在通过《预算法》修改之后，下一阶段应当把财税立法重点投入到政府间财政关系和具体税种上，尽早制定出台《财政收支划分法》和《财政转移支付法》，并且将增值税、消费税、资源税等诸多税种从当前的“条例”或者“暂行条例”逐步上升为单行法律，实现“一税一法”。

● 我国财税司法实践一直较不发达，在一定程度上“拖了”财税法治整体进程的“后腿”。未来财税司法可以从两个方面加强探索，一是放宽税收司法，保障纳税人获得救济，二是试水纳税人诉讼，鼓励纳税人维护涉及财政资金的公共利益。

十八届三中全会《关于全面深化改革若干重大问题的决定》将财政定位为“国家治理的基础和重要支柱”，充分说明财税体制在理财、治国、安邦中始终发挥着基石性和制度性作用。站在这个高度上，日前召开的十八届四中全会《关于全面推进依法治国若干重大问题的决定》进一步提出依法治国总目标，财税法治在法治国家、法治政府、法治社会全局中无疑居于决定性的地位。

从本质上看，“国家治理体系和治理能力现代化”，也就是国家治理体系和治理能力的法治化。在“理财治国”图景中，财税改革与财税法治紧密衔接、相互配合，共同构成国家治理总目标的两大核心要素。通过从立法、执法、司法、守法四个维度加以

2015年 这些财税改革将怎样影响你的生活?

2015年既是“十二五”规划收官之年，也是全面深化改革的关键之年
2016年将基本完成深化财税体制改革的重点工作和任务

财政部部长楼继伟提出

依法理财 深化预算管理制度改革

- 全面推进预决算公开
- 完善政府预算体系
- 编制完善2015－2017年全国财政规划
- 优化转移支付结构
- 积极盘活全国财政存量资金

加强债务管理 严控新增债务

加快推进税制改革 强化非税收入管理

2015年将积极推动将进一步加快税制改革，
完善非税收入管理制度

- 营改增　改革范围扩大
- 消费税　调整征收范围
- 房地产税　继续配合全国人大开展房地产税立法相关工作
- 资源税　组织实施煤炭资源税费改革
- 环境保护税　起草环境保护税法实施条例
- 个税　研究提出改革方案

税

研究推进财政体制改革

新华社发（大巢制图）

构建，并将机构人员、文化思维作为深层保障，能够强有力地推进我国财税法治体系的全面形成和自觉运行，进而有效地增进民生福祉、维护社会公平正义、实现国家长治久安。

一体两面：财税改革与财税法治紧密衔接、良性互动

党的十八届四中全会《决定》是新中国成立后中共中央通过的第一个关于加强法治建设的纲领性文件，这是我国依法治国征程上新的历史起点。

综观全文，其中直接提到“财税”及相关语词的次数和篇幅似乎没有三中全会《决定》那么多，基于此，有一种观点认为，这说明财税法治在依法治国中的地位不够突出。但我们认为绝非如此，两次全会和相应的两大主题在时间轴上渐次展开、在逻辑链上环环相扣、在侧重面上相互交融，因此，应当将两份《决定》紧密结合起来，打通其内在关联，从一种整体主义的视角来把握它们的内涵意旨，而不宜将两者割裂开、单独分析，更不宜仅仅根据表面上某些词语的出现频率来评判重要性，否则将可能导致视野的狭隘、对本意的误读甚至是方向的迷失。

诚如习近平总书记 10 月 27 日在中央全面深化改革领导小组第六次会议上所强调的，前后两个《决定》形成了“姊妹篇”，即“全面深化改革需要法治保障，全面推进依法治国也需要深化改革”。之所以能用“姊妹篇”来形容，表明它们分别代表的“改革”与“法治”间筋脉相连、至为密切。鉴于此，在三中全会《决定》和中央政治局随后通过的《深化财税体制改革总体方案》对财税改革做了顶层设计的情况下，四中全会《决定》有关

法治建设的整体构想以及机制制度的具体建构同样适用于财税改革，从而进一步彰显、强化财税法治的关键地位和重要性。

要言之，财税改革需要财税法治予以保驾护航，优化财税法治体系是深化财税改革的压舱石和最优路径，正如同大鹏之两翼应齐飞、战车之两轮应并进。但在过去很长一段时间里，我国的财税法治建设未能得到充分重视，远远滞后于财税改革的进度，“立法阻碍改革”的观点一度占据主流话语。例如，沪渝两市房产税试点、“半夜鸡叫”上调印花税、1984 年和 1985 年税收立法授权带来的大量税收“暂行条例”等，均采取了改革先行、立法脱节，行政主导、人大缺位的做法。其结果是，由于缺少法治的规范，这一系列财税改革的正当性和合法性颇受质疑，在实践中难以被民众自愿遵行；由于缺少法治的指引，财税改革也容易变得短视、部门利益化，以致陷入困局。

当前，改革进入攻坚期和深水区、社会稳定进入风险期的新形势，财税法治对财税改革乃至经济社会发展的重要性更加突出。具体表现为，首先，财税法治有助于协调各利益主体之间纷繁复杂的关系，使财税改革凝聚起最大共识，保证决策内容的科学性和决策执行的顺畅性；其次，财税法治有助于增强财税决策的稳定性和可预期性，让市场主体在统一规则下公平竞争、自主创新，也让公权力机关在既定规则的限度内行使权力、有所为而有所不为；再次，财税法治有助于廓清、指明和坚定建立现代财政制度的目标，通过财税立法来引领财税改革，使财税改革做到蹄疾步稳、有条不紊。由此足见，推进财税法治是推动财税改革的压舱石，更是建设法治国家的突破口。

尤为值得关注的是，四中全会《决定》提出“总目标是建设中国特色社会主义法治体系”、“法律是治国之重器，良法是善治之前提”。从过去常用的“中国特色社会主义法律体系”到“中国特色社会主义法治体系”，以及从“法律”到“良法”、再从“良法”到“善治”的两步走，体现了认识论和方法论上的重大飞跃。换言之，一个完整的财税法治体系不仅需要静态的财税良法，还需要动态的财税法治实施、法治监督和法治保障。而要完成财税法治的系统性建设，应当将“科学立法、严格执法、公正司法、全民守法”相结合，从这四个维度统筹着力，协同推进财税领域的“良法善治”。

财税立法：回应时代需求和人民期待，加快法律制定、修改

第一，发挥与财税直接或间接相关的《宪法》条款的统率作用。

《决定》指出“坚持依法治国首先要坚持依宪治国”，明确了宪法在包括财税法律在内的法律体系中的“根本大法”地位。考虑到我国现行《宪法》对财税问题关照不足，应当积极推动将财政法定原则、税收法定原则以及中央与地方间财政关系等写进《宪法》，为财税立法和财税改革打牢宪法基础。此外，《宪法》规定的生存权和发展权、平等权、政治参与权等公民基本权利应当统领所有财税法律、指导所有财税改革，“以宪法为根本的活动准则”。例如，个人所得税、房产税等税种法律应保证纳税人的基本生活需要不被征税；再如，应鼓励公众参与和社会监督与纳税人息息相关的财税立法。

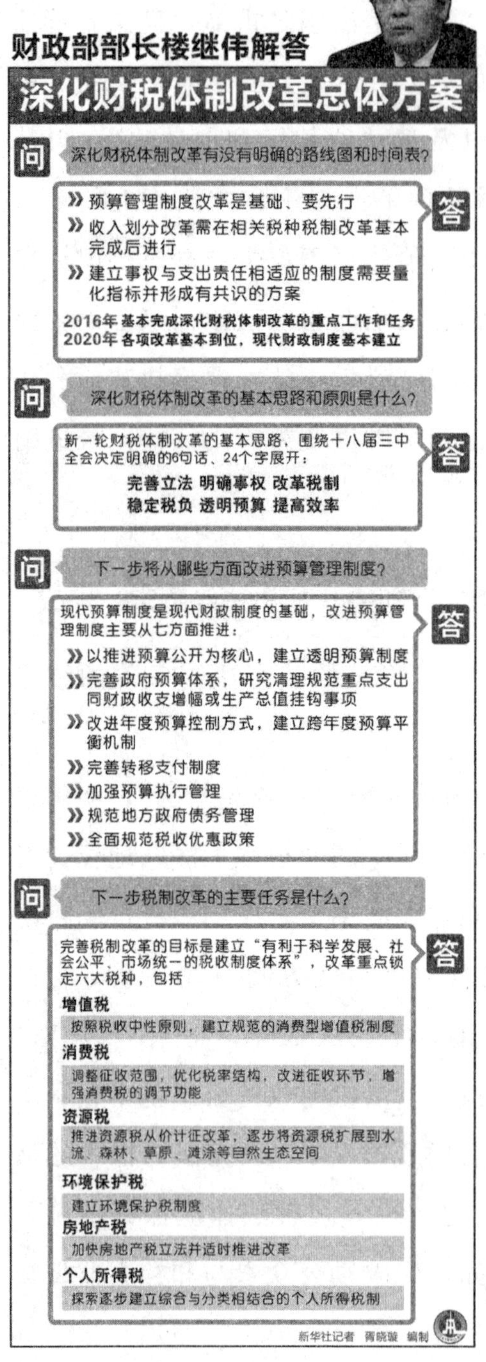
财政部部长楼继伟解答

深化财税体制改革总体方案

问 深化财税体制改革有没有明确的路线图和时间表?

答
- 预算管理制度改革是基础、要先行
- 收入划分改革需在相关税种税制改革基本完成后进行
- 建立事权与支出责任相适应的制度需要量化指标并形成有共识的方案

2016年 基本完成深化财税体制改革的重点工作和任务
2020年 各项改革基本到位，现代财政制度基本建立

问 深化财税体制改革的基本思路和原则是什么?

答 新一轮财税体制改革的基本思路，围绕十八届三中全会决定明确的6句话、24个字展开：

完善立法 明确事权 改革税制
稳定税负 透明预算 提高效率

问 下一步将从哪些方面改进预算管理制度?

答 现代预算制度是现代财政制度的基础，改进预算管理制度主要从七方面推进：
- 以推进预算公开为核心，建立透明预算制度
- 完善政府预算体系，研究清理规范重点支出同财政收支增幅或生产总值挂钩事项
- 改进年度预算控制方式，建立跨年度预算平衡机制
- 完善转移支付制度
- 加强预算执行管理
- 规范地方政府债务管理
- 全面规范税收优惠政策

问 下一步税制改革的主要任务是什么?

答 完善税制改革的目标是建立“有利于科学发展、社会公平、市场统一的税收制度体系”，改革重点锁定六大税种，包括

增值税
按照税收中性原则，建立规范的消费型增值税制度

消费税
调整征收范围，优化税率结构，改进征收环节，增强消费税的调节功能

资源税
推进资源税从价计征改革，逐步将资源税扩展到水流、森林、草原、滩涂等自然生态空间

环境保护税
建立环境保护税制度

房地产税
加快房地产税立法并适时推进改革

个人所得税
探索逐步建立综合与分类相结合的个人所得税制

新华社记者 胥晓璇 编制

第二，大力充实财税基本法律规范，并注重提高、优化法律、法规的质量。

虽然时任全国人大常委会委员长吴邦国曾于2011年宣布“中国特色社会主义法律体系已经形成”，但在财税领域其实尚存较大的法律法规缺漏，仅有的几部财税法律也比较粗糙、抽象、可执行性差。

《决定》将“财政税收”列为加强立法的重点领域之一，鉴于此，一方面，在今年8月31日四审通过《预算法》修改之后，下一阶段应当把财税立法重点投入到政府间财政关系和具体税种上，尽早制定出台《财政收支划分法》和《财政转移支付法》，并且将增值税、消费税、资源税等诸多税种从当前的“条例”或者“暂行条例”逐步上升为单行法

律，实现“一税一法”。

另一方面，财税“良法”的打造必须“抓住提高立法质量这个关键”。“不是所有的法都能治国，不是所有的法都能治好国”，只有尽心尽力地把握每一次立法或修法的机会，使财税法律立得住、行得通、真管用、有权威，才能真正发挥财税“良法”引领时代进步的作用。这要求增强财税法律法规内容的可操作性、针对性、精细性、有用性，全面反映客观规律和人民意愿，不断回应改革发展的新需要和新趋势。例如，我们倡导加快增值税、消费税、资源税等主干税种的立法，绝不是指在名称上把现在的“条例”或者“暂行条例”换成“法”，不改变其中的具体条款，而是强调在制定税种法的过程中优化法律规范内容、切实提高法律质量，否则，就只是一种徒具其表的“换汤不换药”、一种“空有数量没有质量”的徒劳之举，不能产生任何实际意义。提高财税法律质量的根本途径，是在财税立法程序上推进科学立法、民主立法，由此兼顾实体合理与程序公正，并用程序正义促进和弥补实体正义。

第三，处理好财税立法与财税改革的关系。

《决定》强调，“实现立法和改革决策相衔接，做到重大改革于法有据、立法主动适应改革和经济社会发展需要。”这意味着，一方面，财税立法应先于启动相应的财税改革，对于事前立法的条件实在不成熟的，需采取全国人大及其常委会宣布暂停特定地区或特定时期的某些法律或者严格地一事一授权等方式。例如，在当下的房地产税改革、环境保护税改革、资源税改革等过程中，就应当因循上述思路。另一方面，财税立法应跟紧财税改革

新一轮财税体制改革是一场关系国家治理体系和治理能力现代化的深刻变革

中国社科院财经战略研究院院长高培勇说

改革开放走到今天，剩下的难题都是“硬骨头”。财税体制改革“牵一发而动全身”，只有深化财税体制改革取得根本性突破，才能为全面构建现代财政制度，为实现国家治理现代化和“两个一百年”奋斗目标提供政策导向、物质基础和财税制度保障。

加快建立全面规范、公开透明的现代预算制度

财政部财科所所长贾康说

改进预算管理制度，建立全面规范、公开透明的政府预算制度，旨在进一步硬化预算约束，规范政府行为，实现有效监督，提高资金效益，真正把预算分配权关进制度的笼子，使政府预算在阳光下运行。

建立有利于科学发展、社会公平、市场统一的税制体系

财政部财科所副所长刘尚希认为

“深化税制改革，涉及多个税种，不同税种与企业、百姓紧密相连的程度不一样，增值税直接涉及企业，而房地产税直接涉及个人，社会影响更大，从立法角度完善是推动和保障这项改革的路径。”

建立事权和支出责任相适应的制度

财政部财科所副所长刘尚希认为

当前我国区域发展差异较大，区域财力分布不均衡，客观上需要中央适度集中财力，加大对中西部地区的转移支付，推进地区间基本公共服务均等化。保持中央和地方收入格局总体稳定，有利于调动中央和地方两个积极性。

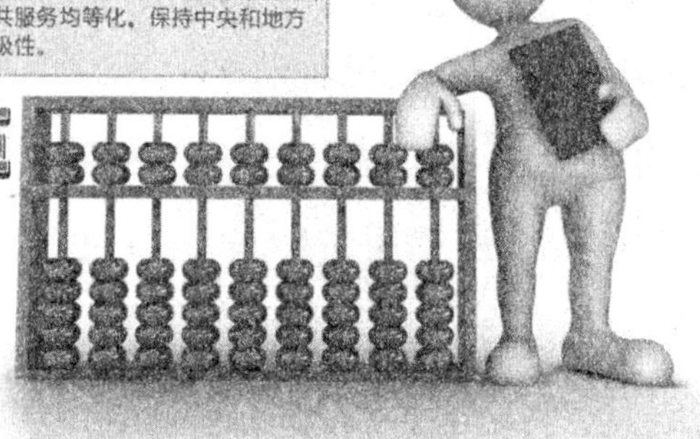

新一轮财税体制改革
夯实国家治理基础

新华社记者 林汉志 编制

进展，改革实践证明行之有效的要及时在法律中确定，不适应改革要求的法律法规则要及时修改或废止，由此保证法律的实时性。例如，我国多地区在预算公开、预算参与等方面的积极尝试和经验在稳定之后，便可以适当的方式纳入法律规范文本。

财税执法：以权责法定、执法严明、公开公正、廉洁高效为目标

第一，严格落实财税法律，依法全面履行政府职能。

"法律的生命力在于实施，法律的权威也在于实施。"我们要清醒地认识到，财税法律在制定与落实、发挥效果之间还有很大的鸿沟需要跃过。因此，在财税法律设定了诸多职能、权限、程序、责任的基础上，行政执法主体应当遵照"法定职责必须为、法无授权不可为"的原则，恪守法治底线，提供一个公共政府应提供的公共产品，不侵扰市场和社会场域中主体的权利。以专项转移支付为例，新《预算法》首次规定"市场竞争机制能够有效调节的事项不得设立专项转移支付"、"上级政府在安排专项转移支付时，不得要求下级政府承担配套资金"、"建立健全专项转移支付定期评估和退出机制"，这无疑是重大的立法进步，而只有政府切实履行了这些法定的实体和程序义务，才能使专项转移支付法治化成为现实。

第二，规范、公正、文明地进行财税执法。

在财税实践中，所谓"规范执法"，要求财税机关遵守法律规范。例如，税务机关应当依据税法征税，而非依据指标征税；再如，建立权力负面清单制度，划定税务行政许可、行政处罚、行政强制等执法行为的范围。所谓"公正执法"，要求财税机关提高执法的公正性、合理性。例如，建立健全税务行政裁量基准，使税务执法活动有较为统一的标准可循。所谓"文明执法"，则对财税机关改进工作质量提出了要求。例如，加强税务执法信息化建设与信息共享，以提高执法效率，创新纳税服务的理念和方法，向纳税人提供更多、更好的纳税服务。

第三，强化对财税行政权力的规范、制约和监督。

《决定》提出，"加强党内监督、人大监督、民主监督、行政

止　　新华社发　商海春　作

监督、司法监督、审计监督、社会监督、舆论监督制度建设，努力形成科学有效的权力运行制约和监督体系，增强监督合力和实效。”同理，无论是宏观的财政行政权力还是微观的税务行政权力，均需被关进由多重监督构成的“铁笼”里，建立常态化的监督问责机制。而对于其中的人大监督、社会监督、舆论监督等外部监督来说，这些主体发挥监督力量的先要条件便是财税政务的完整、准确、及时公开。正如《决定》明确列举的，“财政预算、公共资源配置”等领域尤应作为政府信息公开的主战场。因此，亟须在保证预算、决算充分公开和被知情的前提下，让人大预算审批、审计机关独立审计、公众参与预算等共同发力，从而织就一张细密的财税行政权力监督网络。

财税司法与守法：将法院和纳税人当作亟须强化的两种法治力量

在司法上，完善和繁荣财税司法，提供多元化纠纷解决机制。“司法公正对社会公正具有重要引领作用，司法不公对社会公正具有致命破坏作用”，这说明司法是撑起法治社会、法治国家的一大支柱。但遗憾的是，我国财税司法实践一直较不发达，在一定程度上“拖了”财税法治整体进程的“后腿”。未来财税司法可以从两个方面加强探索，一是放宽税收司法，保障纳税人获得救济、特别是司法救济的权利。对此，税务机关应当扭转“零纠纷”的维稳思维，并借助于修改现行《税收征收管理法》中“双重前置”等阻碍纳税人提起诉讼的法律规定，以及探索设立税务法院、培养税务法官，做到“有案必立、有诉必理，保障当事人诉权”，使纳税人在每一个税案中感受到身边鲜活具体的公平正义。二是试水纳税人诉讼，鼓励纳税人维护涉及财政资金的公共利益。当前，环境公益诉讼、消费者权益诉讼在我国方兴未艾，纳税人诉讼同为公益诉讼的一种类型，是保证公共资金合理、高效使用的有力手段。可以说，税务诉讼侧重于保护财政收入层面的、私法上的财产权，纳税人诉讼侧重于保护财政支出层面的、公法上的财产权，它们一起守护了财税过程的公平正义。

在守法上，加强财税法治教育，培养财税意识及纳税人意识。“法律的权威源自人民的内心拥护和真诚信仰”，同样的，财税法律也应扎根于广大纳税人的心底里，方能成其为全方位的财税法治。具体说，一要培养依法纳税意识。在社会主义市场经济背景下，全民普法的内容不仅包括刑法、民法等传统法律，也包括攸关纳税人经济利益的财税法。根据《决定》确立的国家机关“谁执法谁普法”的普法责任制，应主要由财税机关负责开展财税法治宣传工作，向社会和纳税人普及财税法知识。通过让纳税人明白税收取之于民、用之于民的含义，建立税收信用体系，增进税务机关与纳税人之间互动、合作的良性关系。二要培养纳税人意识和公共财产意识。法律结构中的权利与义务是相对应的，我们在强调履行义务的纳税意识的同时，自然还要强调行使权利的纳税人意识。财税法律不仅是纳税人的行为准则，也是纳税人的权益保障利器。换言之，纳税人不仅是财税法治的自觉遵守者，也是财税法治的坚定捍卫者。经由守法教育，纳税人的主体意识逐渐觉醒，将愈加积极地参与依法理财活动，进而保证纳税人的钱被国家依法汲取为公共财产，以及纳税人的钱所积聚成的公共财产都被国家用在了刀刃上。

深层保障：让财税法治成为理财治国的自觉机制

如果说三中全会《决定》和《深化财税体制改革总体方案》从预算管理制度、税收制度、中央和地方政府间财政关系三项内容入手，横向地铺排了财税改革的几块重点区域，那么，四中全会《决定》则从立法、执法、司法、守法四个环节施力，纵向地贯穿了财税法治的完整运作过程。其实，在前文所述的“科学立法、严格执法、公正司法、全民守法”十六字方针之外，财税法治建设还具有更深层的保障，包括作为“硬件”的机构、人员和作为“软件”的文化、思维。若能兼备这两个条件，财税法治也就有望成为理财治国的自觉机制。

在机构人员准备上，与现实迫切需要相呼应，设置健全的财税法治机关，并配备专业的财税法治队伍。机构和人员是法治体系建设的物质基础，《决定》中多次提及这个问题，比如立法部分的“依法建立健全专门委员会、工作委员会立法专家顾问制度”、“健全向下级人大征询立法意见机制，建立基层立法联系点制度”“探索建立有关国家机关、社会团体、专家学者等对立法中涉及的重大利益调整论证咨询机制”，执法部分的“积极推行政府法律顾问制度，建立政府法制机构人员为主体、吸收专家和律师参加的法律顾问队伍”等。落实到财税领域，有必要探索设立全国人大常委会预算委员会专家顾问、税务机关总法律顾问以及专门的税务法院，增加现有相关机关的人员编制，同时将更多的财税法律专门人才吸纳进财税机关中。

在文化环境塑造上，经由一次次财税法治实践、教育和积累，使法治思维和法治方式牢固地树立在决策者及全体纳税人的心中。法治思维和法治方式，意即基于法治的固有特性和对法治的信念来认识事物、判断是非、解决问题的思维方式和行为方式。财税法治思维和法治方式的隐含逻辑是，财税活动的所有参与者都应遵守法律、诉诸法律、捍卫法律，并逐步培养起法治社会所崇尚的理性、协商、合作、民主、责任等理念。也即，财税立法者、执法者与纳税人都要改变过去对抗、侵权和单极的财税法文化，而善于在法律秩序框架下，平和、理性、建设性地展开对话，当意见不相同时相互妥协、加强合作，以寻求相对最佳、共识最大的解决方案。这种内生性的法治文化融贯于税收征纳、财政收支、财政监管等整个财税过程中，汇聚成财税改革、财税法治建设和社会发展的持续内在动力。

为国家治理现代化筑基

——聚焦十八大以来财税领域法制建设新进展

财政，一头挑着公平，一头挑着效率。党的十八届三中全会重新定位财政职能，提出财政是国家治理的基础和重要支柱，并强调构建科学的财税体制是实现国家长治久安的制度保障。

更值得关注的是，深化财税体制改革的顶层设计中，“完善立法”被放在首位。随着具有标杆意义的预算法修订以及税收立法的快速推进，财税法治正成为我国构建法治社会的突破口。

依法理财　将财政运行全面纳入法制化轨道

2014年11月1日，《青岛市预算绩效管理条例》将开始实施。这是国内第一部专门规范预算绩效管理的地方性法规。

在青岛市人大财经委主任刘瑞华看来，制定这样一部地方性法规对于引导地方政府科学决策、依法开支非常必要。

“许多地方政府部门习惯于拍脑袋决策，导致政绩工程、形象工程屡禁不绝，财政支出损失浪费严重。”刘瑞华说，条例施行“花钱必问效、无效必问责”机制，无疑是给盲目拍板、决策失误和乱花钱者戴上了紧箍。

如果说地方版绩效法规为政府乱花钱设立一条“红线”，那么历经10年终于修订完成的新预算法则将财政运行全面纳入法制化轨道。

作为财税领域的“龙头法”，预算法历经4次修改终于在今年8月底完成20年来首次大修，并将于2015年1月1日起实施。

这部大法在依法理财方面实现了多处突破，如首次以法律形式明确公共财政预算收支中的绩效管理要求、首次明确转移支付的法律地位、政府全部收支入预算接受人民监督、引入“追究行政责任”的惩戒规定……由此开启我国迈向现代财政制度的“新时代”。

财政部财科所所长刘尚希指出，依法理财是依法治国的重要组成部分，当前破解财政管理中存在的资金分配不公平、地方财政缺乏自主财力、资金使用效率不高等问题，亟须解决财与法“两张皮”问题，加快财税法治化进程。

“税收法定”迈出财税法治提速步伐

房地产税改革，是牵一发而动全身的税制改革。

2011年，我国开始在上海等地试点房地产税改革，但在超过3年的时间里，这项改革未取得实质突破，改革共识也仍未在此起彼伏的讨论中形成。

在房地产税改革迫切需要廓清迷雾之时，党的十八届三中全会决定称，“加快房地产税立法并适时推进改革”。这传递出此项改革要“立法先行”的信号。

“税收的原则是税负公平，通过完善立法可最大限度集中民情、民意、民智，通过立法不仅可以让房产税的改革设计更加科学和公平，而且可以保障改革的顺利推行，巩固改革的成果。”

北京大学法学院教授刘剑文说。

“税收法定”，简而言之就是立法决定税收，它体现出的是现代国家的民主、法治理念，彰显出国家对纳税人基本权利的尊重和保障。但是，“税收法定”在我国一直长期存在缺位。

我国现行的18个税种中，只有3部属税收法律，即企业所得税法、个人所得税法、车船税法，其他15个税种“游离”在全国人大的立法之外。增值税、营业税、消费税等主体税种，都是由国务院制定暂行条例开征。

背景知识

税收法定原则，又称税收法律主义，是当今各国通行的税法基本原则，税收法定原则的核心理念是民主、法治。

历史表明，税收法定与现代国家是相伴而生的。1215年的英国《大宪章》被公认为税收法定原则的源头，自此之后，伴随着“无代表则不纳税”的斗争，英国的现代议会制度乃至整个民主政治制度才正式奠基。近代史上数次轰轰烈烈的大革命，也大多起源于财政危机或对征税权的争夺，并且都以议会取得对征税权的控制为最终结果。可以说，税收法定主义的确立与发展过程，也就是国家从封建走向民主、从专制走向自由、从人治走向法治的过程。时至今日，无论在经济水平、文化观念、社会传统等方面 存在何种差异，凡是倡导与实行法治的国家，无不普遍奉行税收法定，且大多将其写入宪法之中。例如，美国宪法第1条规定：“一切征税议案应首先在众议院提出”，法国宪法第34条：“各种性质的赋税的征税基础、税率和征收方式必须以法律规定”，日本宪法第84条规定：“新课租税或变更现行租税必须有法律或法律规定的条件为依据”，埃及宪法也规定：“只有通过法律才能设置、修改或取消公共税捐”。

——北京大学财经法研究中心主任　刘剑文

党的十八届三中全会决定首次将“税收法定”写入党的重要文件，这也表明我国“税收法定”将提速。根据立法安排，房地产税、环境保护税正成为税收法定的突破口，全国人大正在研究推进中，并将广泛听取社会各方面的意见。

保　障　　　　　　　　　　　　　　　　新华社发　徐骏　作

加强监督　用制度约束政府花钱

财税法治建设的推进，给我国带来反腐行动的新变化。

党的十八大以来，从厉行节约、反对浪费到约束“三公”经费支出，从会议费、差旅费等制度新规到预算法真刀实枪地严惩挤占挪用财政资金，新一届领导人的反腐战役从约束政府官员花钱入手，用制度约束政府官员花钱，倒逼政府自我革命。

“法治也是生产力。”刘剑文说，这些法规制度正是建设法治政府的体现，是将党的意志转化为实际制度，对于推进反腐倡廉具有重要意义。

阳光是最好的防腐剂。防范财税领域的腐败行为，还需推进预算公开，加强公共财政监督，建设阳光政府。

国家行政学院公共管理教研部教授竹立家说，中央八项规定，反四风、群众路线教育实践活动，公众和公共舆论压力增强等都对“三公”经费透明、压缩起着巨大的推动作用。

通过梳理近20个省区的审计报告可以发现，2013年，多个省区“三公”经费下降幅度接近或超过两成。例如，山东省50个重点审计部门单位2013年“三公”经费支出比上年下降15.4%；安徽省直有关部门和单位“三公”经费支出比上年减少756万元，下降27%。

“财政支出将越来越严格和透明，这是必然趋势，既符合建设现代政府的基本要求，也彰显了中共新一届领导集体厉行节约反对浪费的坚定信念。”北京大学政治发展与政府管理研究所副所长燕继荣接受记者采访时说。

请给“税收法定”一个明确时间表

根据十八届四中全会精神，2014年12月22日审议的立法法修正案草案对全国人大及其常委会的专属立法权事项做出进一步细化，根据“税收法定”原则，将税收一项单列出来，明确税种、纳税人、征税对象、计税依据、税率和税收征收管理等税收基本制度只能由法律规定。（12月23日《新京报》）

民众向政府纳税，政府用税收为民众提供公共产品和服务——在某种意义上，这就是政府与民众之间最重要、最本质的关系。显然，因为税收涉及政府与民众双方的利益，所以征什么税、征多少税不能由政府说了算，而应由国家最高权力机关通过

正 路　　新华社发 朱慧卿 作

立法，以法律的形成予以确定，即“税收法定”。

“税收法定”是国际通行原则，我国《立法法》也规定，“基本经济制度以及财政、税收、海关、金融和外贸的基本制度”只能制定法律，这实际上给“税收法定”提供了法理依据。

但众所周知，由于历史和现实的多种原因，我国现行的 18 大税种，除个人所得税、企业所得税、车船税由全国人大立法外，其余税种均以国务院出台税收条例或暂行条例的方式确定。以行政法规的方式征税，在某种程度上相当于征税由政府说了算，弊端多多，这从前不久成品油消费税两次上调即可见一斑。

有关部门两次上调成品油消费税，在社会上引起巨大争议。

而有关方面这样做的依据，是《消费税暂行条例》规定“消费税税目、税率的调整，由国务院决定”。可是从情理的角度讲，成品油消费税调整涉及广大民众的切身利益，岂能想调就调、想调多少就调多少？符合税收法规却不符合情理，这一矛盾和尴尬，正是缘于消费税并非“法定”——如果消费税由全国人大立法确定，那么其税率的调整就不大可能“由国务院决定”。

实际上，“税收法定”不仅是大势所趋，而且已经达成广泛共识：十八届三中全会通过的《中共中央关于全面深化改革若干重大问题的决定》，明确提出“落实税收法定原则”——这是“税收法定”第一次写入党的重要纲领性文件；十八届四中全会以“依法治国”为主题，而“税收法定”无疑是依法治国最重要的体现；今年3月5日，十二届全国人大二次会议发言人傅莹明确表示，“全国人大将加快落实‘税收法定’原则”；财政部部长楼继伟随后表示，今后要加快立法程序，逐步把税收条例上升为法律……

专家观点

《中共中央关于全面深化改革若干重大问题的决定》（以下简称《决定》），明确提出“落实税收法定原则”。“税收法定原则”是第一次写入党的重要纲领性文件中，这充分展现了党中央对税收法定原则的高度重视，凸显未来我国加强税收立法的“顶层设计”。

——北京大学财经法研究中心主任　刘剑文

“税收法定”的共识已经达成，而且“路线图”已经明确——一是将目前的税收条例上升为法律，二是今后开征新税种须经全国人大立法，即“老税老办法、新税新办法”。落实“税收法定”原则，目前所缺少的是具体的时间表和雷厉风行的行动。

“税收法定”的实质，就是把政府征税的权力关进“法律的笼子”。在这个意义上，立法法修订拟将全国人大的税收立法权单列出来，明确税种、纳税人、税率等基本税收制度只能由法律规定，这是向“税收法定”原则又迈进了一步。我们有理由为此感到高兴，同时希望“税收法定”有一个明确的时间表，让这一原则早日落地生根。

税收法定是对程序正义的捍卫

税收法定　　新华社发　韩鹤松 作

全国人大常委会正在审议的立法法修正案草案，将最高立法机关专属立法权中的税收一项单列出来，强化税收基本制度只能由法律规定的“税收法定”原则。

税收的基本职能是为公共服务筹集经费。公民有依法缴税的义务，另一方面，税收是对居民财产无偿、强制征收。政府与公民之间的这种关系，需要寻求一种平衡的力量。这种力量，就是法定程序，这种程序正义的本身，在很大程度上决定了结果的正义。

讲一个普通的道理：政府要从公民口袋里掏钱，必须征得公民的同意，公民同意的正当程序就是委派代表投票决定。因此，只有国家通过民主程序制定法律，才能确定税收基本制度，否则征税便缺乏法律根据和正当性基础。

20 世纪 80 年代中期，为适应改革开放的需要，我国把税收立法权授予国务院。“条例”或“暂行条例”就成了大多数税收的征收依据，一些“暂行条例”甚至一“暂”就是 20 多年。目前全国 18 个税种中只有个人所得税、企业所得税、车船税 3 个是经过人大立法的。

2010 年全国人大常委会在审议车船税法修正案草案时，就对车船税的增加提出了很多不同意见，有委员呼吁“不能总想着从老百姓兜里掏钱”，有媒体报道“老百姓不是‘唐僧肉’”，引发社会热议。最终，草案没有通过，赢得公众一片赞声。正是经过这样的法定程序，经过双方力量的博弈和角力，才能达到一种平衡。

专家观点

要实现税收立法，必须坚持人大的主导作用，法律是国家意志的体现，没有人大的主导，民主性就是有限的，体现的不一定是国家意志。税收问题不仅是经济问题，还是政治问题，是宪法问题。要解决这些问题，首先要破除部门化，特别是起草权的问题。起草权都在部门，会导致立法质量不高，争权违责、法律之间打架，根源就是部门化的问题。法律回归到人大，行政法规回到国务院，谁的权谁去行使。

——国税总局政策法规司副司长　张学瑞

此前，财政部和国家税务总局突然下发通知，分别上调汽油和柴油等成品油的消费税。这种未经过立法机关讨论就上调税收的做法，备受争议。尽管财政部相关负责人解释，我国的消费税不是普遍征收的，仅对部分高耗能、高污染、高消费等特点的消费品征收。而且对成品油征收消费税，有利于促进资源节约，抑制对能源的过度消费，是国际上比较普遍采用的做法……但纵使有一百个可以增税的正当理由，如果不走法律程序征税、增税，确实很难体现依法治国的精神。

一个国家税收制度的状况，直接影响着居民的税负、税感以及收入状况，影响着政府与民众的关系。正是由于税收在经济与社会中的地位和作用如此重大，党的十八届三中全会才明确了“税收法定原则”，使之成为我国未来改革的主要方向。因此，让税收法定的原则铭刻在法律条文中，既是对程序正义的捍卫，也是国家现代治理能力的体现。

8 依法行政
——让权力运行在“法治之笼”

“有权必有责、用权受监督”是现代法治政府的基本要求。让监督的“阳光”照射到权力运行的每个角落，才能有效消除各种滥用、私用公权力的“腐败微生物”，使人民赋予的权力始终为人民谋福利。

让权力在法治的框架内运行
——我国建设法治政府述评

以何种方式治国理政，这是千百年来人类社会发展面临的一个共同课题。

党的十八大以来，以习近平同志为总书记的党中央，紧紧围绕“全面推进依法治国”战略抉择，在深入推进依法行政，建设法治政府方面不断迈出重大步伐。

党的十八届四中全会专题研究全面推进依法治国重大问题，既是对历史经验的深刻总结，也是着眼未来的战略部署，必将推动法治政府建设取得新的进展。

给权力设置边界，打造高效政府

“法无禁止皆可为、法无授权不可为、法定职责必须为”——中国（上海）自由贸易试验区外高桥综合服务大厅内，这块招牌格外醒目。一年多来，在上海自贸区这句话已深植人心。

“我们先在网上做了负面清单的自动比对，只要填上企业经营范围，就会直接跳出窗口告知，只要备案，不用审批。”拓佳丰圣（上海）科贸有限公司代理人钱圣荣说，“网上申报半小时就能搞定，随后带齐材料，到服务大厅就能一站式受理。而过去外商独资企业拿到证照至少要20多天。”

负面清单、权力清单、责任清单——本届政府成立以来，三份“清单”着眼于转变政府职能、建设“有限”政府，简政放权先行、制度建设跟进，以润物细无声的法治精神与制度建设，推动改革从政策推动向法治引领转变。

> **精彩论述**
>
> 简政放权是打造法治政府的内在要求。法治政府是现代政府管理体系的基石，是国家治理现代化的主要内容和重要标志。推进法治政府建设，就是要遵循法治思维、运用法治方式、在法治的轨道上行使各项权力，打造职能有限、行政有为、运转高效的政府。

长期以来，政府职能存在“越位”和“缺位”：一方面，政府对于市场主体过多干涉，限制了民间投资的活力和空间，还容易产生权力寻租及腐败；另一方面，在环境保护、社会管理等一些需要政府监管的领域，却不能有效发挥作用。

经济学家吴敬琏表示，通过制定负面清单，“法无禁止皆可

纸面文章　　　　新华社发 赵乃育 作

为”的理念基本站住了。由此衍生出来的“权力清单”和“责任清单”等改革，正在确立一种新的政府管理模式。

在经济学家常修泽看来，“三张清单”三位一体，具有清晰的逻辑：

“负面清单”从经济改革切入，瞄准政府与市场的关系，打破许可制，拓宽创新空间；“权力清单”和“责任清单”从行政体制改革入手，界定政府权力边界。

一年多来，国务院先后取消和下放 7 批共 632 项行政审批等事项，一批涉及企业投资项目核准、生产经营活动许可，以及资质资格认定事项被取消或下放。10月8日召开的国务院常务会议决定，再次修订政府核准的投资项目目录。至此，本届政府中央层面的核准工作量减少约76%。

与此同时，政府管理由事前审批更多地转为事中、事后监管：国务院出台促进市场公平竞争维护市场正常秩序的若干意见、发布社会信用体系建设规划纲要……着眼于推动建设统一开放、竞争有序、诚信守法、监管有力的市场监管体系。

“要在现有的简政放权、下放和取消行政审批事项基础上，大力推行权力清单制，削减行政权力，切实划清政府和市场、社会、企业之间的关系。把权力关进制度的笼子，让权力运行受到严格的规范和制约。”中国政法大学副校长马怀德表示。

让权力在阳光下运行，打造“透明”政府

打开北京市西城区的“权力公开运行网”，75个区下属部门的6000多项行政权力清单可以在这里轻松查阅。

不仅是北京市西城区，在河北省廊坊市、在天津市南开区等许多地方，这样的“权力公开运行网”全线开通，成为地方政府推行政务公开的一个有效平台。

让政府政策透明，是依法治国执政理念的内在要求。让权力运行透明，是建设现代法治政府的应有之义。改革开放以来，我国在打造“透明”政府上不断探索跨越，力促权力在“阳光”下运行。

2008年，我国出台了首部针对政府信息公开的专门法规——《政府信息公开条例》，其中以“公开为原则、不公开为

例外”的规定让政府信息公开有了制度上的保障。在条例逐年推进中，我国政务信息加速走入“阳光季”。

> **精彩论述**
>
> 依法治国本身也是国家治理方式的深层次改革。法治国家、法治政府、法治社会的建设中，“法无禁止即可为，法无授权不可为，法定职责必须为”，这意味着权力将被进一步关进笼子，政府的运行将更加阳光透明，简政放权将更加彻底。

十八大以来，在依法治国、职能转变、作风转变等一系列举措的推动下，我国在打造“透明”政府上全面提速。权力公开、信息公开，越来越成为各级政府的“必答题”而非“选择题”：

——各级政府加大行政审批、行政许可、行政处罚等信息公开力度，公开“权力清单”，“阳光行政”越来越成为一种新气象；

——政府预算决算、部门预算决算、“三公”经费、财政审计结果和整改等公开力度进一步加大，“阳光财政”日成趋势；

——各级政府通过各种媒体及时、权威、全面、准确发布政务信息，以“阳光问政”加强与百姓互动；

“敢于公开、主动公开、充分公开，彰显出政府大力推进政府政务公开的信心、决心和勇气。让百姓看得到、看得懂、信得过，正是政府对公众的知情权、参与权、监督权的保障。”中国人民大学公共管理学院副院长许光建说。

在当地“网上税务局”页面，输入企业税务登记号，中讯邮电咨询设计研究院郑州分公司的税务主管周明，查阅到了正在办理的涉税业务进展：一项已经完结，一项正待核准。

“公开透明办税流程，依规办事，依法办事，不仅最大限度方便纳税人，也最大限度规范税务人。”郑州市国税局局长杨国政说。

阳光是最好的防腐剂。只有公开透明，不断增强行政执法信息公开实效，明晰执法环节，才能有效推动政府依法办事、依章办事、依规办事，才能保障政府权力在阳光下运行。

中南大学法学院教授蒋建湘指出，实现行政政策事项与程序的公开、透明，可以降低“暗箱操作”、“秘密决策”引发的腐败风险，扩大公众参与力度，提高决策科学性，更好地保护决策所涉及的利害关系人。

“如今，各级政府的行为越来越走向规范，全社会也越来越形成一种公开透明的氛围，为推动法治政府建设提供了必要的保障。”许光建说。

让权力受到有效监督，打造“责任”政府

为推动已出台政策措施落实，今年6月国务院启动全面大督查，并首次引入第三方评估，采取走访企业、入户调查座谈等方式，督查简政放权、落实企业投资自主权、棚户区改造、扶贫开发、农村饮水安全等改革、发展、民生政策的落实情况。

“第三方评估，意味着做出评估结论的机构或个人既非政策制定者，也非执行者。其实质是一种更客观的社会监督。第三方不涉及任务自身利益，能够更主动、更客观地帮助政府发现问题，推动政策有效落实。”中央党校国家战略研究所副所长周天勇说。

“有权必有责、用权受监督”是现代法治政府的基本要求。

让监督的阳光照射到权力运行的每个角落，才能有效消除各种滥用、私用公权力的“腐败微生物”，使人民赋予的权力始终为人民谋福利。

此招失灵　　新华社发　蒋跃新　作

专家指出，虽然我国行政执法的监督体系已基本建立，但在执行中还缺乏有效整合，多是事后监督和被动监督，还难以对行政行为全过程监督，并对违规行为及时制止和纠正。而有效的监督能防止行政权异化，建设法治政府不能忽视对行政权的监督。

云南省政府法制办主任张宪伟说，我国大多数行政执法监督行为有待通过法律形式进行严格规范，行政执法监督制约机制不健全、行政执法监督方式简单、程序滞后，都制约了行政执法监督功能的发挥。

马怀德认为，当前要进一步增强领导干部的法治观念，建立健全法治评价体系和考核标准，对违法行政严厉问责。

“法治政府的标准是有限有为、透明公开、权责一致、便民高效。政府行使决策、执行、监督等各项权力均应符合这一标准。只有依法行政，才能做到法治政府，真正推进和实现依法治国基本方略。”马怀德表示。

破障闯关

——推进法治政府建设

在我国法治政府建设步伐明显加快的背景下，行政权力运行逐步规范、监督和问责力度明显加强，政府依法行政意识不断提高，同时与群众日益增长的法治需求和全面深化改革需要仍存在较大差距，一些干部和专家建议，法治政府建设之急是破障闯关，推进行政体制改革与法治政府建设协调进行，建设行政执法监督闭环体系，彻底破解“权法博弈”难题。

依法行政稳步推进　法治政府体系形成

改革开放30多年来，特别是2004年《全面推进依法行政实施纲要》实施以来，我国法治政府建设取得一系列成就，为继续深化改革提供了基础和经验。

记者从国务院法制办了解到，当前，以规范经济、政治、文化、社会生活以及政府自身活动为主要内容的法治政府建设制度体系初步形成，行政管理各方面基本实现有法可依。同时，“权力清单”制度不断推广完善，政府和部门职能权责梳理更加细化、范围更加明确，相关省市已探索建立较完备的权力清单和配套制度。

武汉市政府法制办副主任彭国元介绍，武汉市已建立包括55个单位、4000多个事项的清单，涉及许可、处罚、强制、征用、裁决等五大类行政权力，并上网公开。北京市西城区于2013年开通“权力公开透明运行网”，将区政府及68个职能部门、街道办事处的9大类6636项行政权力公开。

国务院法制办政府法律协调司副司长赵振华表示，我国行政综合执法改革稳步推进，从中央大部制改革到各地基层城市综合执法，行政综合执法改革已成为改革的一个抓手，力度和深度不断加强。下一步主要是更科学地理顺体制、规范执法程序。以食药监管体制改革为例，2013年挂牌成立国家食药监总局以来，食药生产流通等各环节监管条块分割等问题正得到解决。2013年，全国食药监系统已查处各类食品药品违法违规案件近30万起，移送司法机关3000余件，配合抓获犯罪嫌疑人1万余人。

精彩论述

简政放权为全面推进依法治国提供路径参考。法律的生命力在于实施，法律的权威也在于实施。十八届四中全会吹响了建设法治中国的新号角，《决定》对构建法治中国进行了总体部署，简政放权则以依法行政、依法改革的成功实践，成为打造法治政府的“先行军”。

行政问责机制理念深入人心。2003年非典事件，成为问责制度发展的重要节点，随后问责渐成常态。在法治政府理念指导下，问责已成为各级领导干部头上的紧箍咒，增强了群众对政府依法行政的信心。

改革与建设失协　“权法博弈”待解

不少基层干部在谈到法治政府建设成就与进展的同时，也表达了他们的一些困惑：

云南省昌宁县柯街派出所所长吴同勇正为社区管理难题发愁。他说：“废止劳教制度是我国法治政府建设的重大进步，劳教机构也转为矫正机构。”他建议这项工作纳入国家统一的法律框架之内。

武汉市预防腐败局的秦虹反映，有的地方四个部门管不了网吧接纳未成年人的问题，网吧管理按照规定有三个未成年人或连续三次发现的，网吧就要关门，但现在很少有网吧被关闭，表面看是执法的问题，实际是执法监督的问题。

在推进法治政府建设，深化简政放权过程中，行政体制改革与法治政府建设不协调的现象仍然较为突出，“权法博弈”问题依然存在。

中国政法大学副校长马怀德说，行政许可法制定后，“非行政许可审批项目”等依然大量存在。尽管行政行为基本受到规范，但在社会生活中同样适用的行政合同、行政指导、行政奖励、行政登记、行政征收等行为仍然缺乏严格的法律依据。

许多法律工作者认为，我国行政执法的内部监督体系和外部监督体系已基本建立，但缺乏有效整合，多是事后监督和被动监督，难以对行政行为全过程监督以及违规行为及时制止和纠正。

彭国元认为，执法监督体系不完善表现在：内部监督方面，上级行政主管部门对下级行政执法部门的监督处于软约束状态，硬约束不够，属于事后监督，执法过错责任追究的内部问责流程及结果不规范；外部监督方面，人大、政协监督在集中视察和法律执行情况检查等活动中发挥了作用，但对执法行为监督作用不大；司法监督在纠正错误行政执法行为上作用较小。同时，司法监督是被动监督，民不告官不究；包括媒体监督在内的社会监督，只是对个案进行监督，也有局限性。

云南省政府法制办主任张宪伟说，我国大多数行政执法监督行为尚未通过法律的形式进行严密规范，行政执法监督制约机制不健全、行政执法监督方式简单、程序滞后，这些都严重制约了行政执法监督功能的发挥。

法治政府建设仍需闯关破障

一些干部和专家学者表示，法治政府建设破障闯关应强化法治顶层设计、科学限权合理放权、尽快打造监督闭环体系。

中国社科院法学所研究员李林说，推进法治政府建设宜强化顶层设计，推动行政体制改革与法治政府建设协调进行。

相关专家表示，政府行政体制改革过程中要“于法有据”。在实践中，有关政府职能转变的立法目前仍存在一定程度的“缺位”现象，比如在政府职能转移过程中，由于对哪些职能需要转移给社会组织没有明确的界定和分类，导致职能转移范围是由政府在无监督情况下进行的，缺少法治支撑。

马怀德等专家和干部表示，行政执法监督是依法行政的必然要求，也是实现法治政府的重要保障。应增强行政执法信息公开实效；制定执法程序，明晰执法环节，增强执法程序“硬约束”，加快推行权力清单制度。同时，整合监督资源，实现对行政执法主体、依据、内容、程序等的全面监督，形成行政行为的每个环节都受监督的闭环体系。

从决定看领导干部的"底线""红线"

2014年10月28日公布的《中共中央关于全面推进依法治国若干重大问题的决定》围绕深入推进依法行政、加快建设法治政府、加强和改进党对全面推进依法治国的领导等提出了一系列新观点、新举措，为领导干部划出了一道道为官从政的"底线"和"红线"。

法治观念淡薄？官员要丢"乌纱帽"

"我是市政府的，我就是王法""谁耽误发展一阵子，就让他难受一辈子"……近年来，被媒体曝光的"官员雷人语录"，暴露出一些机关工作人员特别是领导干部头脑中根深蒂固的"人治思维""特权观念"。

针对一些领导干部依法办事观念不强、能力不足，知法犯法、以言代法、以权压法、徇私枉法等问题，决定明确提出——在

精彩论述

古人说，民以吏为师。各级领导干部的示范和引领作用，决定着全面依法治国的方向、道路、进度。习近平总书记围绕领导干部发挥模范带头作用提出了具体要求，各级领导干部要在思想上进一步重视起来，坚决纠正和解决法治不彰的问题；要在行动上进一步严格起来，做尊法学法守法用法的模范，自觉为全社会作出表率；要在根本问题上进一步明确起来，正确认识和把握党和法的关系，把党的领导贯彻到依法治国全过程和各方面，在建设法治中国的进程中，自觉担负起全面推进依法治国的重大责任。

相同条件下，优先提拔使用法治素养好、依法办事能力强的干部。对特权思想严重、法治观念淡薄的干部要批评教育，不改正的要调离领导岗位。

除了运用考核这根“指挥棒”外，从根本上解决法治观念淡薄的问题，还是要在领导干部心里真正树立起对法的敬畏。决定提出——建立宪法宣誓制度，凡经人大及其常委会选举或者决定任命的国家工作人员正式就职时公开向宪法宣誓。

中国政法大学副校长马怀德指出，要求领导干部用“法治思维”处理改革、发展、稳定的问题，这是执政治理理念的升华。

“拍脑袋”作决策？出了问题终身追责

长期以来，一些领导干部决策短视、随意性大，导致出现决策只注重短期效益等问题。虽然我国早已建立追责制度，但往往只是官员在位时追究，而一旦离任或者退休，一般不再追究。

为保障决策的科学性，决定提出——把公众参与、专家论证、风险评估、合法性审查、集体讨论决定确定为重大行政决策法定程序。建立行政机关内部重大决策合法性审查机制，未经合法性审查或经审查不合法的，不得提交讨论。积极推行政府法律顾问制度……保证法律顾问在制定重大行政决策、推进依法行政中发挥积极作用。

那么，“拍脑袋”决策出了问题怎么办？决定提出——建立重大决策终身责任追究制度及责任倒查机制，对决策严重失误或者依法应该及时作出决策但久拖不决造成重大损失、恶劣影响的，严格追究行政首长、负有责任的其他领导人员和相关责任人员的法律责任。

不作为、乱作为？纠错问责，直至罢免

不作为、乱作为、懒政、怠政、职权滥用……一段时间以来，行政执法过程中表现出来的种种乱象一直被社会各界所诟病。

为此，决定明确提出——行政机关要坚持法定职责必须为、法无授权不可为，勇于负责、敢于担当，坚决纠正不作为、乱作为，坚决克服懒政、怠政，坚决惩处失职、渎职。

决定还要求——行政机关不得法外设定权力，没有法律法规依据不得作出减损公民、法人和其他组织合法权益或者增加其义务的决定。

“依法行政是确保国家政权运行制度化、规范化、有序化的重要环节。”国家行政学院教授杨小军认为，法律和制度的执行说到底还是要靠人，这就给领导干部提出了更加具体的行为准则，乱作为不行，不作为也不行。

不作为、乱作为怎么办？决定提出——完善纠错问责机制，健全责令公开道歉、停职检查、引咎辞职、责令辞职、罢免等问责方式和程序。

政务不公开？只能是例外，不能是常态

面对公众公开信息的要求，要么当“鸵鸟”、躲猫猫，要么以“秘密”“不属于公开范围”为由敷衍了事。一些领导干部“捂盖子”的做法，让政府公信力大打折扣。

依法治官　　新华社发　大巢　作

社会的公平公正，离不开权力运行的公开透明。

围绕政务公开，决定提出——坚持以公开为常态、不公开为例外原则，推进决策公开、执行公开、管理公开、服务公开、结果公开。各级政府及其工作部门依据权力清单，向社会全面公开政府职能、法律依据、实施主体、职责权限、管理流程、监督方式等事项。重点推进财政预算、公共资源配置、重大建设项目批准和实施、社会公益事业建设等领域的政府信息公开。涉及公民、法人或其他组织权利和义务的规范性文件，按照政府信息公开要求和程序予以公布。

专家认为，全面推进政务公开，是推动党政领导干部行政行为法治化、规范化的重要举措。

司法“讲人情”？干预司法将被记录通报追责

公正是法治的生命线，司法不公对社会公正具有致命破坏作用。然而，在一些司法案件中，一只“隐形”之手，让法律的天平倾斜，制造出令人诟病的人情案、关系案、金钱案。

随着新制度的建立，习惯用打个电话、写张条子干预案件的官员们得掂量掂量了。这种“权大于法”的做法，将让无视司法公正的官员付出代价。

决定明确提出——建立领导干部干预司法活动、插手具体案件处理的记录、通报和责任追究制度。对干预司法机关办案的，给予党纪政纪处分；造成冤假错案或者其他严重后果的，依法追究刑事责任。

“这样一来，领导干部就不敢乱来，司法的公正也有了更大保障。”国家行政学院政府法治咨询研究中心主任杨伟东说。

遏制不收敛不收手。反腐将呈法治化

当前，党风廉政建设和反腐败斗争形势依然严峻复杂，在惩治腐败的高压态势下，仍有一些党员干部不收敛不收手、甚至变本加厉，群众对此反映强烈。

针对这一问题，决定态度鲜明——对任何腐败行为和腐败分子，必须依纪依法予以坚决惩处，决不手软；惩治执法腐败现象；对司法领域的腐败零容忍，坚决清除害群之马；加大海外追赃追逃、遣返引渡力度……

“对腐败问题‘零容忍’，体现了中央的决心和恒心。”中国社科院中国廉政研究中心副秘书长高波认为，反腐将走向法治化、常态化，腐败是领导干部永远不可触碰的红线。

决定提出要“把贿赂犯罪对象由财物扩大为财物和其他财产性利益”，引起普遍关注。专家认为，这为领导干部廉洁自律又加了道“硬杠杠”，进一步织密了制度之笼。

给不作为、乱作为套上“法治笼头”

《中共中央关于全面推进依法治国若干重大问题的决定》提出，检察机关在履行职责中发现行政机关违法行使职权或者不行使职权的行为，应该督促其纠正。这必将给行政权力不作为或者乱作为套上“法治笼头”，形成更强有力的监督和威慑。

随着反腐层层加压，八项规定严格执行，一段时间以来，在部分党员干部中，为官不作为或乱作为的消极现象开始泛起。例如，截至 8 月底，河南在全省开展为官不作为专项治理，共纪律处分、组织处理 1398 人。辽宁省各级机关近日针对群众反映强烈的庸懒散和不作为、乱作为等突出问题，先后查处吃拿卡要、庸懒散问题 5977 起，共有 2864 人因此受到处理。

官场“庸懒散”综合征之所以产生，主要是由于缺乏服务观念，责任意识淡薄，官僚主义作风浓厚，说到底是一种“消极腐败”。这种“消极腐败”尽管与那些明显触犯法律的贪污受贿犯罪行为有一定区别，但同样损害党和政府在群众中的形象和公信力。更为严重的是，这种官场“庸懒散”综合征有着很强的传染

治　懒　　新华社发　商海春　作

性，极易蔓延传播，像一种病毒，侵蚀党和政府的肌体。

把作风建设不断引向深入，就是要狠治乱作为、不作为。既要加强监督，对那些尸位素餐、庸庸碌碌、无所作为的“太平官”加大问责力度；与此同时，也要树立务实重干的工作作风，营造“有为才有位，有位就要有为，为官就要为民”的用人导向，让想做事、敢做事、做成事的党员干部可以大显身手。

为官不作为、乱作为往往会造成工作上的失职渎职，必须以法治手段严加整治。《关于〈中共中央关于全面推进依法治国若干重大问题的决定〉的说明》指出：行政违法行为构成刑事犯罪的毕竟是少数，更多的是乱作为、不作为。如果对这类违法行为置之不理、任其发展，一方面不可能根本扭转一些地方和部门的行政乱象，另一方面可能使一些苗头性问题演变为刑事犯罪。

由此可见，检察机关及时发现行政机关违法行使职权或者不行使职权的行为，并督促其纠正，就是要扎紧权力的笼子，努力解决官场“庸懒散”综合征。面对更严格的外界监督压力，行政部门应以民主监督和科学界定为前提，梳理细化部门职责、科室职责，建立制度化的刚性管理模式，建立健全权责明晰、分工明确、运转高效的工作机制，将职责落实到岗到人，完善问责制度，做到人人身上有目标，个个肩上有压力，用法治监督的压力来倒逼工作作风转变。

以法治为底线，终结行政乱作为

公共政策制定的质量，一直是国家治理的核心问题。长期以来，一些地方的不作为、乱作为现象，都是国家治理的痼疾。尤其在中央决定统筹全面深化改革和全面推进依法治国的当下，不作为影响改革深入推进，乱作为危害依法治国；不作为是执政机体的慢性病，乱作为则是急症，带来的社会痛楚更直接、更强烈。

诸如执法指标化、过多过滥的“一票否决”等安排，起到的效果常常与初衷适得其反，就反复证明了科学决策的重要性。

行政乱作为的机理并不难摸透。乱作为根源于急切立功、邀功自重的浮躁心态，产生于蛮横独断、长官意志的不良土壤，生长于拍脑决策、不求实证的落后观念。因为要政绩突出、不落人后，争先恐后中难免要“戗跑”和“出奇制胜”；因为要尽快改变贫困现状，打造金山银山时只好“忍痛”破坏绿水青山；因为

紧箍咒　　新华社发 赵乃育 作

深入调研和充分论证的成本高、约束多，就只好便宜行事，政策感觉“差不多”就推行；以为为“大局”着想就能牺牲部分群众的权益。

更有甚者，一些权力不受制约的领导干部，或因不知法不懂法，或为夹带一己私利，通过组织决议程序做出违法决策，并以服从组织决策的原则纪律，要求下级坚决执行。这些现象，还在不同层级的执政机体中存在，这些心障，还在许多干部胸中隐藏。

摸透机理容易，克服“心障”太难。一些人习惯于将自己的行政乱作为归结于改革试错，以“要求过苛、限制太紧，干部何来魄力干事创业、推进改革”来加以辩驳。改革创新自然难免出错，应该给予勇于任事者试错的空间。但是，行政乱作为与改革试错并非难以分辨。

要厘清区别，只需考察三个环节：第一，政策旨归，是本乎公心、出于公义，还是暗藏私心、夹带私利？第二，决策过程，是听取各方、凝聚共识，还是独断专行、搞一言堂？第三，决策分析，是深入调研、充分论证，还是武断裁定、拍脑决策？各环节不存在问题，哪怕结果有偏差，仍是改革失误。任一环节说不过去，哪怕政策有效益，也是乱作为。正道直行纵然艰辛终会成功，“瞎猫”却不会每次都碰到“死耗子”。

精彩论述

领导干部做守法模范，可更好地塑造民众的法治信仰。“法律的权威源自人民内心拥护和真诚信仰”，建设法治国家、法治政府、法治社会，每个公民都有责任。责任体现在哪里？就体现在信仰法治，努力把法治精神、法治观念熔铸到头脑中，形成办事依法、遇事找法、解决问题用法、化解矛盾靠法的自觉习惯。

或许会有一些党员干部产生疑虑：不能不作为，又不能乱作为，戴着镣铐跳舞，似乎有些“强人所难”。其实，镣铐虽然戴着，舞步却有章可循。法治思维和法治方式，就是执政的曲谱和舞步。只要以法治为底线原则来想问题、作决策、办事情，就不会有乱作为的心理根源和环境土壤。只要牢牢坚守科学立法、严格执法的主线，意识与行为就不至于偏离正道太远。

具体到每位官员身上，就是正确处理好私心与公义、法治与绩效之间的关系：真正对一地百姓负责，而不是只求升迁营利；

真正吸纳凝聚各方意见，而不是干纲独断、强行推进；真正做好政策的成本效益分析，论证可行性与环境影响，而不是囫囵短视。那些虽然有利于业绩但在法律上不太站得住脚的举措，更要慎之又慎。

中国政府法律顾问制度帮助权力运行在“法治之笼”

女律师赵丽平从业已逾25年，说起政府法律顾问制度，她感慨良多。

十年前，她成为石家庄市政府律师顾问团首批成员。从此，无论是出庭应诉“民告官”案件，还是监督城中村拆迁改造，亦或是把关政府重大决策，大大小小的事情都有她的身影。她亲眼见证了政府部门依法行政观念的不断提升。

“这些年里，我感受到政府对律师的依赖，尤其在重大决策上，对法律和律师的重视不断增强，”赵丽平说，“比如在拆迁改造中，所有政府决定都要经过律师把关才会对外发布，政府对律师提出的意见也会虚心采纳。”

实际上，并不只有她才有如此感受。此次中共十八届四中全会之后，政府法律顾问对依法行政的“监督”有望成为“新常态”。

刚刚落下帷幕的中共十八届四中全会通过了《中共中央关于全面推进依法治国若干重大问题的决定》，提出“积极推行政府法律顾问制度”、“保证法律顾问在制定重大行政决策、推进依法行政中发挥积极作用”。《决定》还把“合法性审查”列为重大行政决策的法定程序之一，没有经过合法性审查或经审查不合法的决策就不会生效。

简单来说，政府法律顾问制度，即引导律师参与政府行政决策和行政执法各领域环节，为行政行为的合法性把关，有利于增强政府法治意识、规范政府行为，从而杜绝行政执法机关随意执法、领导干部“拍脑袋决策”等现象，使“法无授权不可为”真正得以落实。

赵丽平所在的石家庄市从2012年起就开始制定统一的政府法律顾问制度。截至今年上半年，所有市政府领导和行政部门均已配备法律顾问，而在年底前所有乡镇政府也将全面覆盖。其中，位于石家庄市西北部的鹿泉区实施最早，效果也最为显著。区政府规定，包括对外招商引资项目在内的所有政府重大决策，均需由法律顾问出具的法律意见书后方可生效。

鹿泉区司法局局长郄立江说，现在政府会为所有重大决策召开联席会议，而政府聘请的律师也会出席，对决策过程的合法性把关。法律顾问提出的意见，90％都会被政府采纳。

除了区政府外，鹿泉区下辖的村庄也已配有法律顾问，赵进忠律师即是其中之一。他为其中的7个村子提供法律服务。村委会要招商引资、建立集体企业，都由他提供法律意见。村子对外签订的所有合同，也需要他签字之后才能生效。

当下，中国各地不同级别的行政机关都在积极探索法律顾问制度，法律顾问队伍也在不断增长。据人民日报报道，截至去年，中国约有23500名律师受聘担任各级政府部门的法律顾问，占全国律师总数的1/10以上。

据了解，除参与重大决策制定外，政府法律顾问的工作还包括监督政府立法、出庭应诉、信访接待和协助处理突发事件等，如此全方位的介入将帮助政府更好地在法治的框架内使用权力。

从20世纪80年代开始，中国已有地方政府开始尝试聘请法律顾问协助处理涉法行政事务。尽管不少地区已初见成效，但一直以来仍处于探索阶段。

党的十八届三中全会提出“普遍建立法律顾问制度”，此次的四中全会更是明确指出要“积极推行政府法律顾问制度”，为制度的细化指明了方向，也为进一步理顺管理体制机制提供了契机。

国务院法制办副主任袁曙宏表示，目前多部门正在研究普遍建立法律顾问制度，建立以政府法制机构为主体、吸收专家和律师参加的法律顾问队伍，而一系列举措有望在明后年出台，使这项制度真正尽快建立起来。

党的十八大提出到2020年基本建成法治政府，而政府法律顾问制度的建立将会有助于政府部门依法行政、依法决策，为此目标的实现提供助力。

9 牢记使命　执法如山
——在实施中捍卫法律的权威与尊严

习近平总书记在中央政法工作会议上提出，政法机关要“站稳脚跟，挺直脊梁，只服从事实，只服从法律，铁面无私，秉公执法”。这是党中央对政法机关广大干警的重托，也是全国人民对政法工作的期待。执法者只有做到“执法必严、违法必究”，不徇私、不畏权，才能真正实现“法律面前人人平等”，让全民体会到法律的权威与公正，让全民相信通过合法途径能够表达合理诉求，能够惩恶扬善。

严格执法路上还有多少“拦路虎”?

法律的生命力在于实施，法律的权威也在于实施，严格执法是全面推进依法治国的重要内容。

然而，由于一些执法人员责任感不强、法律意识淡漠，一些部门权力制约不够、自由裁量权过大，当前，不执法、乱执法等现象，以权谋私、执法寻租等问题依然存在，与严格、规范、公

“钱”规则　　新华社发　蒋跃新　作

正、文明的执法要求仍有一定距离。

不担当不作为　监管形同虚设

2014 年上半年，我国环境状况亮起“红灯”：地表水总体为轻度污染，劣Ⅴ类水质断面比例高达 10%；实施空气质量新标准的 161 个城市中超标城市比例高达 94%。

与此同时，环境保护部在稽查中发现，环境执法不作为等问题比较普遍。在污染问题十分严重的河北省，仅一个玉田县窝洛沽镇就有 200 多家小作坊没有环评手续，59 家规模企业防治污染的设施未经验收就开工生产。

近年来，食品安全、安全生产、环境保护、社会治安等问题长期得不到有效治理，群众反响强烈。除了体制机制方面的原因外，一个很重要的原因就是一些负有监管职责的政府部门及其执法人员责任感不强、不愿担当，执法不严、重罚轻管。

“我国现在经济社会发展中的大部分问题，或者说主要问题，都是由于法律制度执行不坚决和贯彻不到位造成的。”国务院法制办副主任袁曙宏说。

特别是新一轮简政放权后，“行政之手”从经济社会等领域缩了回来，相应对政府监管部门提出了新的考验和挑战——不仅要严格执法，有所担当，更要善于管理，防止以罚代管；不仅要对违法行为依法查处，更要注重事前预防，实现惩防结合；不仅要消除部门间的壁垒，防止相互掣肘，更要加强协同合作，形成监管合力。

法律意识淡漠　粗暴执法扰民

河南新郑夫妻半夜被抛墓地房屋被强拆，青海湟中孕妇遭城管殴打胎儿引产，黑龙江哈尔滨犯罪嫌疑人受到刑警和非警务人员刑讯逼供死亡……近一时期，由于粗暴执法、违法办案引发的事件引起社会普遍关注。

执法人员本应成为公民权利的“守护神”，却屡屡执法扰民，甚至侵犯公民合法权益；执法部门本应维护社会和谐稳定，却因粗暴执法激发了冲突，甚至引发群体性事件或极端恶性事件。

精彩论述

法治精神是以民为本，首先要保护公民的生命权、财产权。这既是立法的初衷，更是执法的目的。个别执法人员带着手中权力去执法，却没有带上应有的群众感情上路。这就导致在处置事件时，执法人员骄纵蛮横，只知道以权压人、激化矛盾，而不知体恤民情、换位思考。久而久之，也就养成了“人情冷漠、粗暴无礼、素质低下”的执法惯性，积重难改。

以征地拆迁为例，国家信访局统计表明，征地拆迁问题始终占全部上访案件的大半。群体性冲突事件中，有一半与土地问题相关，大部分为征地拆迁引起。

专家普遍认为，滥用职权、法外用权、执法不当问题屡屡出现，重要原因之一是一些执法人员法律意识淡漠、素质有待提高。而要实现规范执法、文明执法，就必须在行政部门树立起依法行政的意识，尽快提高执法队伍的整体素质。

中国社科院法学研究所研究员莫纪宏说，今后要强调执法人员的职业良知、职业道德和法治信仰，着力打造一支职业化水平高、执法能力强的执法队伍。

“要让一线执法人员重视法治，还必须用好考核指挥棒。”中国政法大学副校长马怀德建议，将“法治 GDP”引入领导干部绩效考核中，解决基层法治建设问题。

权力制约不够　执法寻租频发

近一年来，广东省深圳市已连续有三个执法队队长因在查处违法建筑中涉嫌受贿而“落马”，涉案金额有的高达上百万元。违建者称，送了钱，对方就会少查、不查。

在城建、环保、工商、税务等部门，一些手握权力的执法人员，一方面对守法者滥用职权，吃拿卡要，另一方面又成为违法违规者收买的对象，“收你钱财，给你关照”成了一些执法者与企业之间心照不宣的“潜规则”。

这些执法者大多是基层一线干部，个别领导也不过是“芝麻”大的官，为何拥有这么大的权力？

在我国，行政机关承担着经济、政治、文化、社会等各个领域的管理任务，实施着80%以上的法律法规，其行政措施和执法行为与人民群众生产生活息息相关。这些权力一旦失去制约，往往会成为一些执法人员以权谋私的筹码。

专家认为，压缩权力寻租的空间，不仅要明确执法标准，合理规定执法人员的责任，从长远看，还要完善权力监督机制，让行政执法权得到有效约束。

“只有把权力装在制度的笼子里，它才能不胡来。”中国社会科学院法学研究所所长李林指出，所有掌握公权力的主体，包括基层执法人员，都应纳入以权力制约权力、以制度制约权力、以法制监督和控制权力这样一种制度当中。

自由裁量过多　“弹性执法”不公

“从100元到1万元，我都被罚过。”同一地段，同一情形，来自四川遂宁的货车司机任德平却得到了数额不同的超载罚单。

同一种市场违法行为，工商部门可以不予处罚、从轻处罚、减轻处罚和从重处罚；同样是违反计划生育政策，各地征收的社会抚养费也不一样，造成“同孩不同价”；同样是环境违法，处罚2万元至20万元，最低和最高之间相差10倍……

近年来，“弹性执法”问题备受诟病，而其背后则是行政执法部门的自由裁量权过多、过大，使随意执法、选择性执法成为可能。

群众对于公平正义的感受，来自一件件案件的查处。执法者滥用自由裁量权，必然会侵害公众的切身利益、破坏社会的公平正义、损伤政府部门的公信力。

从这一点上讲，自由裁量权考验着执法者的公平正义之心，需要执法者尽力做到合法性与合理性的和谐统一。

与此同时，自由裁量权的过多、过大，也给执法人员在实践中适度把握法律尺度带来了困惑。因此，解决法律规范质量不高、科学性不足的问题，才是治本之策。

“对于私权利，是法无禁止即可行；对于公权力，则是法无授权即禁止。”国家行政学院教授汪玉凯认为，今后，必须进一步厘清“权力清单”，通过科学立法最大限度减少权力的自由裁量，依法治权、束权。

筑好制度“藩篱” 遏制权力“越线”
——部分地区法制办负责人访谈录

如何让行政权力授予有据、行使有规、监督有效，防止行政权力的“越位”和滥用？在党的十八届四中全会即将召开之际，新华社记者走访我国东中西部多地政府法制办负责人，倾听他们对推动依法行政、建设法治政府的心声和诤言。

对这些肩负着地方法规合法性审查、规范性文件监督管理、行政执法监督检查等重任的“护法者”来说，让行政权力严格按照法定权限和程序运行，是他们对“法治中国”建设的最大期许。

健全国家法度 严控“权力越线”

“黑头（法律）不如红头（文件），红头不如笔头（领导批示），笔头不如口头（领导交代）”。这句流传于网上线下的“民谣”，形象地描绘出了部分地区行政机关“权大于法”“以权压法”的严重问题。

“客观地说，近年来地方政府依法行政意识不断提高，许多党政领导对法制工作的态度从以前‘无所谓’到如今‘很重视’，主动将各类文件草案送交法制部门提意见。”江苏省政府法制办副主任高建新坦言：“但是，依然有不少地方政府行政行为‘出轨’、违法，不仅触犯相关法律法规，而且给社会和谐稳定埋下隐患。”

一些地区行政复议案件数量居高不下，正是行政权力“越线”的直接反映。安徽省政府法制办主任张杰透露，安徽 2013 年受理各类行政复议案件 8251 件，撤销确认违法、和解调解及间接纠错的有 33.4%，说明仍有不少地方行政行为跨越法律轨道、影响社会和谐。

行政权力“不逾矩”对法治建设意义重大。“如果政府依法行政，就会有更多民众对法治前景保持乐观；反之，如果违法行政现象频现，难免会有更多民众对法治失去信心。”高建新说。

浙江省政府法制办副主任夏利阳表示，希望国家尽快制定相关法规，健全规范性文件制定程序，强化规范性文件备案审查，落实规章和规范性文件定期清理制度，减少“权力越位”现象，维护法治精神，确保政令畅通。

“拦路虎”　　新华社发　商海春　作

扩大社会参与　防止“特权固化”

部分地区行政权力“越线”已从执法延伸到立法层面，或出台不符上位法的地方法规，或下发引发社会争议的红头文件，备受关注和抨击的“发文逼捐”便是一例。

广东省东莞市大朗镇一份“摊派教育募捐参考标准”就被曝光——“正科 6000 元，副科 5000 元，正股（副股）3000 元，其他公务员、在编合同制人员、合同制人员 2000 元”。

“地方性政府法规草案多数是政府部门起草，有些部门出于‘好心’，可能会‘要财要人要政策’。”浙江省政府法制办主任孙志丹告诉记者：“有的地方起草法规和政府规章草案存在部门利益、特殊权力法律化倾向，一些部门想通过立法解决机构、编制、财政经费等问题，而要求获得更多编制、财政、行政许可往往是法制办审核中‘排雷’的重点。”

广州市政府法制办主任吴明场认为，防止“权力越线”，不能仅关注行政执法过程，更要重视“立法”规矩，在行政立法全过程中增强“利益攸关方”的参与力度，在立法阶段就能防止“部门特权法律化”。

“要尽快完善地方性法规和政府规章的立项、起草、审查、决定、公布、备案、解释等制度，起草立法除征求相关机关单位意见外，还要广泛了解基层管理部门、公民、企业和其他组织的意见。”福建省政府法制办副主任黄岩生说：“只有听取与法规、规章有利益牵连的各方人士意见，让利益攸关方进行更充分的立法博弈和妥协，才能有效防止部门特权法律化。”

加强“护法力量”　扎紧制度“藩篱”

与一些地区行政权力频频“越线”形成鲜明对比的是，不少地区政府法制机构自上而下逐级弱化，“护法力量”相对薄弱。

湖南省政府法制办主任陈雪楚告诉记者：“至少80%以上行政法律规定都由县级政府执行，实现法治政府很大程度上着落在基层，但最让我们担心的就是法制机构越往下越弱。”

“至少半数县法制办都只有两三个人，而且有的要给领导当秘书、有的要在办公室兼职。”山西省政府法制办副主任刘钢柱说，这使得基层重大行政决策、重大事件应急处理中的合法性审核把关介入不够、不深、不力。

武汉市政府法制办副主任彭国元认为，防止行政权力“越线”，不能光靠法制部门单打独斗，而需要通过推广法律顾问、建立立法专家库、开展执法评估等手段，使更多法律人士、专家学者、社会团体、新闻媒体加入“护法队伍”，形成更强大的护法守法氛围。

“只有让权力受到法律与民意的有效制约，依法行政才能成为各级各地政府、领导干部的自觉行为，‘越法’行为才可能真正减少乃至杜绝。”高建新说。

大有作为天地宽

《中共中央关于全面推进依法治国若干重大问题的决定》为从事立法、司法、法学研究等工作的法律执业者开辟了广阔发展前景，让我们来听一听专家们对决定中一系列新思想新举措的解读。

立法者，要防止部门利益和地方保护主义法律化

【看点】

——人大增加有法治实践经验的专职常委比例

——争议较大重要立法事项引入第三方评估

——法律草案重要条款可单独表决

——推进立法精细化

【原文】建立由全国人大相关专门委员会、全国人大常委会法制工作委员会组织有关部门参与起草综合性、全局性、基础性等重要法律草案制度。增加有法治实践经验的专职常委比例。明确立法权力边界，从体制机制和工作程序上有效防止部门利益和

地方保护主义法律化。对部门间争议较大的重要立法事项，由决策机关引入第三方评估，充分听取各方意见，协调决定，不能久拖不决。明确地方立法权限和范围，依法赋予设区的市地方立法权。完善法律草案表决程序，对重要条款可以单独表决。

【点评】中国人民大学教授陈卫东认为，决定对立法问题提到了前所未有的高度，充分表明了党对立法在依法治国中重要地位的深刻认识。法律是治国之重器，良法是善治之前提。纵观我国立法现状，社会主义法律体系已经建立起来，但随着社会形势的发展，一些法律还需要及时修改和制定。

“立法工作不但涉及全国人大立法，还有行政部门的规章，有立法权的地方立法，条块结合，利益交叉。中央推进全面依法治国，提出立法先行是非常重要也是非常及时的。”陈卫东说。

法官：审好案子负好责

【看点】

——最高人民法院设立巡回法庭

——探索设立跨行政区划的法院检察院

——推动法院审判权和执行权分离

——推进以审判为中心的诉讼制度改革

——建立逐级遴选制度

——完善办案责任制

【原文】最高人民法院设立巡回法庭，审理跨行政区域重大行政和民商事案件。探索设立跨行政区划的人民法院和人民检察院，办理跨地区案件。完善司法体制，推动实行审判权和执行权相分离的体制改革试点。推进以审判为中心的诉讼制度改革，确保侦查、审查起诉的案件事实证据经得起法律的检验。建立法官、检察官逐级遴选制度。初任法官、检察官由高级人民法院、省级人民检察院统一招录，一律在基层法院、检察院任职。完善主审法官、合议庭、主任检察官、主办侦查员办案责任制，落实谁办案谁负责。

【点评】中国人民大学诉讼制度与司法改革研究中心副主任程雷说，决定围绕司法改革的总目标，从法院机构的改革到个体法官的选拔，都细化为具体的改革举措，这些改革措施将会对法院和法官产生重大影响。

最高人民法院设立巡回法庭、设立跨行政区划的法院、检察院，旨在保障司法机关依法独立公正行使审判权、检察权，保障国家法律的统一适用，破解地方对法院审判的干扰，同时便于群众诉讼，符合中国的实际情况。

建立逐级遴选制度让年轻法官在基层更好锻炼、历练人生，阅历丰富后，再向更高层级的法院发展，自下而上的过程符合司法实践规律。随着法院机构人员的一系列改革推进，将使法官更好地行使宪法法律赋予的审判权。

检察官：擦亮眼睛加强法律监督

【看点】

——完善检察机关行使监督权的法律制度

——探索建立检察机关提起公益诉讼制度

——建立司法人员履行法定职责保护机制

【原文】完善检察机关行使监督权的法律制度，加强对刑事诉讼、民事诉讼、行政诉讼的法律监督。检察机关在履行职责中发现行政机关违法行使职权或者不行使职权的行为，应该督促其纠正。探索建立检察机关提起公益诉讼制度。建立健全司法人员履行法定职责保护机制。非因法定事由，非经法定程序，不得将法官、检察官调离、辞退或者作出免职、降级等处分。

【点评】中南财经政法大学法治发展与司法改革研究中心主任徐汉明说，全会决定中的改革措施打破了原有的体制束缚、突破了机制性障碍，将使检察事业发展向前大大推进，人民检察官将大有可为。

检察机关提起公益诉讼制度是对现有检察机关职权范围的扩大，这是决定的一大亮点。检察机关提起公益诉讼可以使检察机关对行政机关及工作人员的违法行为及时提出建议并督促其纠正。同时，建立健全司法人员履行法定职责保护机制，保护司法人员免受打击报复。

律师，不是“法外之众”

【看点】

——吊销执照律师终身禁止从事法律职业

——构建社会律师、公职律师、公司律师队伍

——建立律师、法学专家中招录立法工作者、法官、检察官制度

【原文】对因违法违纪被开除公职的司法人员、吊销执业证书的律师和公证员，终身禁止从事法律职业，构成犯罪的要依法

追究刑事责任。构建社会律师、公职律师、公司律师等优势互补、结构合理的律师队伍。强化准入、退出管理，严格执行违法违规执业惩戒制度。明确公职律师、公司律师法律地位及权利义务，理顺公职律师、公司律师管理体制机制。

【点评】北京李晓斌律师事务所主任李晓斌说，决定的出台对律师队伍建设意义重大，规定得也比较全面，既保障律师权益，扩大了律师服务的范围，同时又从“不得”的角度划定了边界。把律师队伍的发展、业务的拓展和作用的提高，以及同时要承担的法律义务、法律责任很好地结合起来。

“律师不是‘法外之众’，不能想怎么做就怎么做。”李晓斌表示，决定强调了律师应履行的职责，广大律师就应该按照决定的要求，严格遵守法律规范和职业道德，推动律师队伍健康发展。

法律人才，打造高水平专家团队

【看点】

——推动法律服务志愿者队伍建设

——法律服务人才跨区域流动

——政法部门和法学院校双向交流

【原文】发展公证员、基层法律服务工作者、人民调解员队伍。推动法律服务志愿者队伍建设。建立激励法律服务人才跨区域流动机制，逐步解决基层和欠发达地区法律服务资源不足和高端人才匮乏问题。健全政法部门和法学院校、法学研究机构人员双向交流机制，实施高校和法治工作部门人员互聘计划，重点打造一支政治立场坚定、理论功底深厚、熟悉中国国情的高水平法学家和专家团队，建设高素质学术带头人、骨干教师、专兼职教师队伍。

【点评】北京交通大学法学院教授高晓莹说，决定对于法律服务与法学研究领域未来发展提出的指导思路，非常具有针对性，抓住了问题的关键。法治建设离不开高素质的法律实务人才和高水平的法学研究人才。但是，法律实务界和法学研究界的人才交流壁垒一直存在，交流面窄、交流人数少等问题妨碍了人才队伍建设。决定的出台，必将推动交流的制度化、常态化、广泛化，更大程度做到两个领域的优势互补，这也必将成为高水平、高素质法律人才队伍建设中关键且卓有成效的一步。

海南试水司法改革　“二维码”确保法官终身负责

2015 年 1 月开始，海南全面启动司法体制改革试点工作，内容包括改革审判权、检察权运行机制，完善法官、检察官职业保障制度，完善法院、检察机关人员分类管理，建立法官、检察官统一提名管理等，确保 85％的司法人力资源在一线办案。

今后海南三级法院办结的每一个案件将设定终身识别“二维码”，实行“二维码”对案件的全程跟踪。当事人通过扫描二维码，案件立案时间、案号、案件办理流程与相关负责人、案件审判长、审判员、书记员姓名，以及案件判决时间、判决文书等相关信息将全面呈现，以一案一个终身“二维码”的形式将案件相关内容“捆绑固定”。

“这是海南法院系统提高案件审判质量，确保法官对案件终身负责的一个创新做法。”海南省临高县法院院长刘嘉说，案件终身“二维码”有利于主审法官、合议庭办案责任制等制度的落实，确保建立与法官司法责任、职业保障相配套的惩戒制度。

精彩论述

公平正义比太阳还要光辉。守护好这份温暖，是人民群众对所有执法者的期望。期盼执法者都能够修得一身浩然正气，公正严明执法、挺直脊梁做人，让人民群众切实感受到法律的权威、正义的阳光。

英国哲学家培根曾说：“一次不公正的审判，其恶果甚至超过十次犯罪。”《中共中央关于全面推进依法治国若干重大问题的决定》提出，实行办案质量终身负责制和错案责任倒查问责制，确保案件处理经得起法律和历史检验。

海南大学法学院副教授王琳表示，司法权力运行的每一个环节都应受到更严格监督，以确保司法的公平正义。案件审判引入“二维码”，是落实办案质量终身负责制和错案责任倒查问责制的创新之举，有利于避免滥用权力或无视司法程序严肃性。

在完善司法责任制度的同时，海南还在探索与行政区划适当分离的司法管辖制度改革。海南省高院院长董治良表示，海口市、三亚市承担了全省36%和17%的司法案件，年人均办案150件左右，而五指山市、保亭县等地法官年人均办案50件左右。司法管辖制度改革，既是为了解决海南司法资源配置不均衡的问题，也是为了有效防止当地干部干预司法，防止出现关系案、人情案。

中国（海南）改革发展研究院院长迟福林说，“全面推进依法治国”的号角已经吹响，十八届四中全会提出的一项项司法改革举措，正在一步步落实到位。从机制创新到体制改革，司法改革每推进一步都具有突破性，都关乎国计民生。

2014 年 6 月，中国就司法体制改革在东中西部选择上海、广东、吉林、湖北、海南、青海 6 个省市先行试点，为全面推进司法改革积累经验。改革的深意在于进一步“去行政化”和“去地方化”，为司法公正尽一切可能排除来自外部的干扰，减少权力寻租的可能性。

去行政化　　新华社发 徐骏 作

海南省政法委书记毛超峰说，海南正在推进的司法改革，着重立足于进一步增强审判权，削减司法机关内部的行政权，防范行政权对司法权的侵入和不当干扰。

据了解，根据中央政法委批准的《海南省司法体制改革方案》要求，从2015年1月起，海南将主要围绕以下几个方面开展试点工作：一是完善司法人员分类管理制度，确保85%的司法人力资源在一线办案。二是健全司法人员职业保障制度。建立健全有别于普通公务员职业保障体系，并试行法官、检察官延迟退休制度。三是完善司法责任制。明确主审法官、主任检察官责任制，强化对司法权力运行的制约监督机制。四是探索建立省以下法院、检察院机构和人财物由省级统一管理体制机制。

为保障司法体制改革顺利实施，海南省高院建立了“法官委员会”的咨询制度，案件主审法官可自行申请召开咨询会议，借助“外脑”更准确地把握案件。同时建立指导性案例数据库，为同类案判决提供参考，解决“同案不同判”问题。

根据试点方案，海南在省一级设立法官、检察官遴选委员会和惩戒委员会，健全预算管理机制，落实和加强对非税收入“收支两条线”管理，建立跨部门的涉案财物统一管理平台等。

> **专家观点**
>
> 改革的深意在于进一步“去行政化”和“去地方化”，为司法公正尽一切可能排除来自外部的干扰，减少权力寻租的可能性
>
> ——法学专家　沈国明

迟福林表示，就法院系统而言，全面依法保障一线办案人员的独立审判权，是这次司法改革的重要目标，必须建立制度，加强监督，尤其要把规范、监督的重点放在各级法院院长、审判委员会委员和庭长、副庭长的行为上。今后，还应进一步加大司法公开的力度，进一步发挥律师的作用。

10 让“民告官”之路更加畅通
——聚焦行政诉讼法修改

2014年，被称为“民告官法”的《行政诉讼法》，在颁布25年后做出首次修改，本次修法旨在通过制度完善和改革，充分发挥行政的“正能量”，使之在法治中国的建设中真正有为、有位。

“民告官”胜诉率是法治的重要标尺

2014年11月1日，被称为“民告官法”的《行政诉讼法》，在颁布25年后做出首次修改，规定“行政机关及其工作人员不得干预、阻碍人民法院受理行政案件”，还在立案、判决等方面做出新规，旨在消除“民告官”之难。据悉，中国“民告官”案原告胜诉率从10年前的30%降到了近年的10%以下，有一些省份甚至只有2%。（11月5日《大河报》）

所谓“县法院审不了县政府”，民告官可能不被立案，立案了可能赢不了，就算赢了也难以执行——立案难、审理难、执行难，堪称“民告官”案件的常态。公民选择告政府，说明具备一定法律意识，之所以敢于告政府，说明政府可能确有违法行为。因此，公民法律意识不足，不会告、胡乱告，都不是胜诉率低的主要原因。普法教育这么多年，“民告官”胜诉率不升反降，只能说明在现行体制下，一些人民法院仍然普遍受制于地方。

想想看，地方法院的人、财、物诸方面都与本级政府存在关联，在审理以当地政府为被告的行政案件时，怎能不心存顾虑？法院明知行政机关违法却难以判决其败诉，原因就是因

看点一：受案范围扩大

修改 将行政机关滥用行政权力排除或者限制竞争的，违法集资、摊派费用的，没有依法支付最低生活保障待遇或者社会保险待遇的等行政行为纳入了受案范围

看点二：行政机关不得干预、阻碍法院立案

修改 行政机关及其工作人员不得干预、阻碍人民法院受理行政案件

看点三：可口头起诉

修改 起诉应当向法院递交起诉状，书写起诉状确有困难的，可以口头起诉

看点四：应当登记立案

修改 法院在接到起诉状时对符合规定的起诉条件的，应当登记立案。不能当场判定的，应接收起诉状，出具书面凭证，七日内决定是否立案

看点五：起诉期限延长到“六个月”

修改 直接向法院提起诉讼的，应当自知道或者应当知道作出行政行为之日起六个月内提出

看点六：行政首长出庭

修改 被诉行政机关负责人应当出庭应诉。不能出庭的，应当委托行政机关相应的工作人员出庭

看点七：可跨区域管辖

修改 经最高人民法院批准，高级人民法院可以根据审判工作的实际情况，确定若干人民法院跨行政区域管辖行政案件

看点八：不执行可拘留行政机关直接责任人

修改 行政机关拒绝履行判决、裁定、调解书的，增加规定“社会影响恶劣的，可以对该行政机关直接负责的主管人员和其他直接责任人员予以拘留”

看点九：复议机关是共同被告

修改 经复议的案件，复议机关决定维持原行政行为的，作出原行政行为的行政机关和复议机关是共同被告；复议机关改变原行政行为的，复议机关是被告

看点十：明确提出要解决行政争议

修改 修改后的法律在立法目的中增加“解决行政争议”的表述

新华社记者 崔萱 编制

为法院缺乏足够的独立性和权威性，受到了来自地方政府有形和无形的干预。单纯指责法官不够勇敢、不够公正，是有失公允的，因为法官如果违反潜规则，往往吃不了兜着走——有的法官因为坚持依法判决，被调离审判岗位、免去职务，甚至被打击报复。

为克服地方和部门保护主义，最高人民法院 2007 年曾推进行政案件管辖制度改革，通过加大指定管辖、异地审理的力度，防止和排除地方非法干预，为行政案件依法独立公正审理提供制度保障。可惜，异地审理制度显然未能得到有效执行，以至于连治标的效果都未能呈现，“民告官”胜诉率的不断下滑就是明证。此番行诉法新修，除将行政案件异地审理法律化，还明确规定“上提一级”，由中级人民法院直接管辖，都旨在减少法院被非法干预的可能。

但真正重要的，还是要管住权力干预司法之手，确保司法独立是实现司法公正的重要保障和前提。四中全会《决定》提出，要“建立领导干部干预司法活动、插手具体案件处理的记录、通报和责任追究制度”“最高人民法院设立巡回法庭”“设立跨行政区划的人民法院和人民检察院”，这些都是弥足珍贵的制度探索。司法公正堪称依法治国的重中之重，因为公正是法治的生命线，司法不公对社会公正具有致命破坏作用。

某种意义上，“民告官”案件的胜诉率和执行率，可以被视为依法治国在地方层面是否得到有效落实的一个重要评判标尺。通过法律途径解决官民争议与纠纷，应该是法治社会推崇的矛盾处理方式，关键是，要让人民群众在每一个“民告官”案件中都能感受到公平正义。

“民告官”案件增多，社会进步的“晴雨表”

从“民告官、立案难”到“民告官、不怕难”，再到“民告官、可胜诉”，随着我国社会转型的加快，百姓通过法律手段起诉政府的案件明显增多，传统文化中“民不敢告官”的历史大为改观。

分析人士认为，“民告官”案件的立案、审理与执行是一个国家和地区法治环境的“晴雨表”，它不仅关系到公民的法制意识和权利保障，同时还体现了行政机关依法行政的水平。

从“立案难”到“可胜诉”

上海泰瑞物业发展公司发现一家叫上会资产评估公司的资质有疑问，这家公司称拥有财政部1999年签发的资质证书，而该公司2000年才成立。从2006年起，泰瑞公司就通过行政诉讼方式要求财政部予以履行信息公开义务，均被财政部以不宜公开为由而拒绝。

泰瑞物业认为，该公司向法庭所出示的盖有财政部公章的证书无效。今年5月，北京一中院终于受理了此案，8月下旬，通过法庭审理，财政部作出答复称，上会资产评估公司的A级评估资格不存在。

这是一起典型的“民告官”案件。泰瑞公司董事长周亚伦表示，“财政部是重要的国务院直属部门，这一行政诉讼虽然时间很长，但最终的结果是令人满意的，表明法治在进步。”

一些数据足以印证这番话。北京2013年“民告官”案，百姓打赢了843起官司，胜诉率为12.1%。受理案件中，近五成涉及民生领域；深圳“民告官”案件已从1987年至1989年的年平均3宗，上升到2013年的3840宗；自1990年行政诉讼法实施到2012年，全国法院一共受理一审行政诉讼案件191万余件，年均83168件……

据了解，已提请全国人大常委会审议的《行政诉讼法修正案（草案）》首次提出，“民告官”案件行政机关“一把手”应该出庭应诉，同时不要求“具体行政行为”，就是说这类诉讼可以不是针对特定公民等做出有关权利义务的单方面行为，这也让“民告官”更容易立案。

河北省8月份下发《关于建立行政机关负责人行政诉讼出庭应诉制度的通知》，明确规定在9种情形下，行政机关“一把手”必须出庭应诉。无正当理由不出庭应诉，将通报批评或依法追究责任。

9月18日，深圳市委书记王荣走进市中级法院旁听了一起“民告官”案件的审判全过程。该市宝安区环保局对龙华的一家手机卖场以扩音喇叭招揽客人带来噪声污染为由决定罚款2万元，然而从检查认定到实施罚款时间拖了4个多月，没有按规定在7个工作日内立案，这一处罚决定被法院判为程序不合法予以撤销。对此判决，王荣表示，希望更多的民众拿起法律的武器，维护自己的权益，碰到一些问题通过司法途径来解决。

不再逆来顺受，不走极端路线

随着我国法治的进步，公民维权意识不断提高。然而，一些部门执法人员跟不上时代的步伐，在运用行政权力过程中存在违法违规行为，有的该公开信息没有公开，有的超越法律授权、擅自进行裁量。

从“民告官”案件结构上看，信息公开和环境保护一类案件明显增多，而涉及房屋补偿、土地拆迁的案件一直在高位运行。中国政法大学副校长马怀德表示，党的十八大强调法治是治国理政的“基本方式”，要求全面推进依法治国，推进科学立法、严格执法、公正司法、全面守法，并要求领导干部提高“法治思维”和“法治方式”的能力。

“我是纳税人，有法律依据就不要害怕。给我服务的公仆做得不好，或有违法乱纪行为，为何不能告上法庭?”将财政部告上北京一中院的周亚伦如是说。

“以前想也不敢想，怎么可以把‘当官的’告上法庭呢，几千年来都是‘官老爷’，现在情况不同了。”山东东部某市一位将国土部门告上法庭的农民表示，按照政府信息公开条例，行政机关收到政府信息公开申请，没有及时答复的，“由监察机关、上一级行政机关责令改正；情节严重的，对责任人员依法给予处分；构成犯罪的，依法追究刑事责任。”

专家认为，“民告官”案件的增多，首先要看到可喜的一面，国家这些年重视法治建设，重视普法教育，再加上公民文化水平的提高，权利意识和维权热情高涨，“民告官”案件增多在情理之中。

“百姓对政府有了意见和不满，不再逆来顺受，不走极端路线，而是选择以法律武器来维护自己的合法权益。”马怀德说，法律法规也日渐完善，行政诉讼法施行后，国家赔偿法、行政处罚法、行政复议法、行政许可法等陆续出台。

不过，另一方面也令人担忧。“‘民告官’案件的增多，表明我国社会转型时期，经济体制深刻变革、利益格局深刻调整、思想观念深刻变化，社会矛盾高发、多发，机会不均以及成果未能共享等问题值得高度关注。”山东大学教授王忠武表示。

“针对城乡发展不均衡、贫富差距扩大等问题，如果公共政策运用不当，会导致土地拆迁和环境污染等社会矛盾凸显以及群体性事件频发。”王忠武说。

百姓胜诉率低，亟待加大监督

社会矛盾凸显期，需要修改行政诉讼法使其成为更好的“稳压器”。但是长期以来，行政诉讼容易受到行政机关干扰，其主要表现为“立案难、判决难、执行难”。

最高人民法院的统计显示，2013 年，各级法院受理案件 1421.7 万件，审结、执结 1294.7 万件，同比分别上升 7.4％和 4.4％。然而，2013 年各级法院审结一审行政诉讼案 12.1 万件，2012 年是 12.9 万件，2011 年是 13.6 万件。也就是说，各类案件的审结数量总体上升了，但“民告官”案件的审结率却连续三年呈下降趋势。

马怀德表示，我国行政案件原告胜诉率总体不到 10％，审判效果和质量不容乐观，其原因是地方政府通过各种有形无形的

斩 断　　新华社发 程硕 作

方式对行政审判加以干预。此外，有的领导干部以言代法压法及至违法现象仍然存在，一些执法人员滥用职权，法外用权、执法不当问题屡屡出现。

2014 年以来，全国人大常委会对行政诉讼法进行大幅度修订，意在破除存在已久的“民告官”障碍，加强法院对“明显不当”行政行为的撤销权、强化审判监督等，推动中国社会民主程度。

“如今‘民告官’越来越顺畅也从一个侧面表明中国的法治和社会进步进入了新阶段。”马怀德表示。

良法贵在推动善治

2014 年 11 月 1 日闭幕的十二届全国人大常委会第十一次会议表决通过了关于修改行政诉讼法的决定。这是行政诉讼法实施 20 多年来的第一次修改，在全面推进依法治国的当下，对于推动政府依法行政、加快建设法治政府具有现实而深远的意义。

值得注意的是，针对“立案难、审理难、执行难”等行政诉讼领域被诟病已久的问题，此次修法从扩大受案范围、畅通诉讼渠道、增加对行政机关负责人的责任等方面进行了更完善的制度设计，以保障“民告官”更为顺畅地进行。这体现了立法机关进一步限制公权力、保护私权利的坚定决心，值得点赞和期待。

徒法不足以自行。新的行政诉讼法能否不折不扣地贯彻和实施，行政机关负有重要的责任和义务。一方面，行政机关必须牢固树立法治理念，尊重和维护法律权威，积极支持、配合人民法院依法开展行政审判和执行工作；另一方面，也要在制度安排和创新方面做出进一步努力，例如健全行政应诉的配套制度，强化责任制，把行政应诉工作纳入到各级行政机关依法行政的指标考核体系中来推动。

以法治促善治，是立法的原旨和初衷。任何“民告官”的官司，对于群众来说都是一件成本很高的事，应当越少越好。因此，必须从源头上减少“民告官”的因由。这就要求行政机关及其工作人员进一步提高依法行政水平，确保各类行政行为在法治轨道上运行；同时，进一步做好改革发展、改善民生的各项工

难　　　　新华社发　商海春　作

作，切实维护好、发展好人民群众的切身利益，真正让老百姓满意。

行政诉讼制度改革让“民告官”之路愈发通达

“真没想到我一个干‘个体’的打官司最后能告赢‘官府’。”吉林延边的梁齐不久前在与当地安监局的行政诉讼案件中胜诉。

近年来，我国多地推行“民告官”案件集中、交叉管辖试点和政府机关“一把手”出庭应诉制度，行政诉讼制度日渐完善，“民告官”之路愈发通畅。

行政诉讼制度改革

在最高人民法院部署下，山东、山西、浙江、吉林等地法院，近年通过提级、指定、交叉和相对集中管辖等方式，在现行法律框架下实现司法审判与行政管理区域的有限分离，使行政审判化解争议的功能正常发挥。

吉林省延边朝鲜族自治州中级人民法院是吉林省行政审判案件管辖改革的试点单位，该院院长庾成日告诉记者，延边法院试点具体做法是将部分基层人民法院管辖的一审行政诉讼案件，通过上级法院统一指定交给其他基层法院交叉、集中管辖。

通过相对集中、交叉管辖，“民告官”渠道逐渐畅通。2013年延边州开展试点至今，法院受理的一审行政诉讼案件数创近6年最高，比过去年均受案数高37%，政府机关的败诉率比2013年高10%。受案数上升的同时，上诉率、发改率和当事人申诉率却保持低位。

“一把手”出庭

过去，行政诉讼案件开庭，官员较“难见面”。2010年，国务院出台了《国务院关于加强法治政府建设的意见》，要求“对重大行政诉讼案件，行政机关负责人要主动出庭应诉”。

延边州中级法院行政审判庭庭长李红广告诉记者，过去行政机关一般派本单位法制办工作人员出庭，也有一些政府部门聘请律师作为常年法律顾问出庭应诉。

近年，江苏、河北、吉林、浙江、山东等地对行政诉讼案首

替　　　　新华社发　商海春　作

长出庭应诉工作进行探索和实践，许多关于行政首长出庭应诉的地方性法规、制度得到确立。

2013 年，吉林省延边朝鲜族自治州地方人大代表、政协委员提出议案、提案，经过人大、政协会议表决正式将“一把手”出庭应诉确立为当地政府制度，各级政府对“官员”出庭应诉作出了具体规定，将其纳入政府机关、个人的绩效考核。

2013 年 8 月，吉林延边安图县法院依法开庭审理一起工伤鉴定纠纷案，被告单位局长和副局长到庭参加庭审和应诉。原告连海芝在庭审结束后说：“今天官员与我们面对面辩论，让我们感受到了法律面前人人平等。”

改革向纵深推进

行政案件集中、交叉管辖，使得办案法院与地方行政管辖得到适当剥离，能在一定程度上避免地方政府对法院的不当干预。行政诉讼案件“一把手”出庭应诉制度的探索有效提高“民告官”的“见官率”，“一把手”出庭后能够更全面了解案情，对行政管理工作中存在的问题能及时“拍板”整改。

但有些基层法官坦言，各地法院采取行政案件相对集中管辖的做法目前还缺法律支撑。另外，行政案件的相对集中、交叉管辖试点在各地限定在同一行政区划内，时间久了，跨地区的不当行政干预可能出现。

> **精彩论述**
>
> 行政首长出庭应诉制度的根本意义，并不是让行政机关负责人出庭露面作秀，而是要促使政府机关积极应对行政诉讼，真正尊重当事人的权利，认真倾听和回应当事人的诉求，并认真对待法院所作的相关裁判。质言之，行政机关负责人出庭应诉的制度建设之根本目的，还是在于促使政府机关认真对待行政诉讼。

北京大学法学院教授姜明安等专家认为，在经济不发达、行政案件较少的地区，“一把手”出庭应诉对于其日常工作影响不大。但对东部经济发达地区行政诉讼“热门”机关的“一把手”出庭应诉，应该进行特殊规定，比如房屋登记机关、负责拆迁部门等，科学划定出庭应诉的范围。

依法治国是党的十八届四中全会的主题，这为未来行政诉讼制度改革铺了路。

中国政法大学副校长马怀德建议，可以在近年各地试点经验基础上，考虑建立与行政辖区相对独立的行政法院。

中国行政诉讼法修改迎来三审
“民告官”范围拟进一步扩大

政府甲和百姓乙签了一份房屋征收补偿协议，百姓乙觉得政府甲没按约定履行。根据行政诉讼法修正案草案三审稿，“民告官”范围拟进一步扩大，这样的行政合同纠纷今后可向法院提起行政诉讼，法院应该受理。

2014 年 11 月 27 日，全国人大常委会审议了行政诉讼法修正案草案三审稿。这部被称为“民告官”的法律自修改以来就备受社会关注，尤其关于“民告官”受案范围的讨论一直不断。

认路　图/冯印澄 新华社发

专家指出，现行行政诉讼法规定的受案范围主要是公民的人身权、财产权领域受到行政行为侵害的，可以提起行政诉讼。经过 20 多年的实践，现在对公民权利的保护已经不仅仅

清　障　　　　　　　　　　　　　　　　新华社发　朱慧卿　作

限于人身权和财产权，权利范围在单行法中不断扩大。

例如，随着经济社会不断发展，政府向公民提供基本公共服务领域不断拓展，如社会保险、教育、医疗、住房、救助等，涉及公民社会保障权、受教育权、劳动权等新型权利。

草案在审议过程中，有些全国人大常委会委员就建议将这些权利纳入受案范围，防止因诉讼渠道不畅，有些争议没地方告都涌向信访。

还有些全国人大常委会委员、全国人大代表提出，行政合同是一种行政管理方式，具有公权力性质，在现实中大量存在，建议将国有土地使用权出让合同、房屋征收补偿合同等行政合同纳入受案范围。

此外，还有意见认为，行业协会、村委会、居委会、高校等社会组织越来越多地承担公共管理职能，所实施的公共管理行为实质上具有行政行为的特点，在实践中由此引发的争议，民事诉讼不受理，大量争议无法纳入诉讼渠道，有必要对这类行为进行规范。

根据各方意见，全国人大法律委员会经研究，建议在受案范围中增加一项规定：“认为行政机关不依法履行、未按照约定履行或者违法变更、解除政府特许经营协议、土地房屋征收补偿协议等协议的”。同时，增加了相应的判决形式，规定法院可判决被告继续履行、采取补救措施或者赔偿损失等。

草案在现行行政诉讼法规定的行政诉讼主体范围基础上，也作了适当扩大，将“依照法律、法规、规章授权作出行政行为的组织”纳入行政诉讼主体。

除了可诉范围的扩大，草案三审稿对行政机关应诉过程中违法行为的法律责任和惩处进行了强化。

专家观点

修改后的行政诉讼法实施是一个系统工程，光是司法机关和行政机关按法律规定落实外还不够，还有一个更重要的主角，就是作为原告的法人、公民和社会组织，在保障自身权利的同时一定要依法维权。

——全国人大常委会法工委副主任　信春鹰

例如，针对行政机关向行政诉讼原告施加压力，迫使其撤诉的行为规定了相应法律责任。以欺骗、胁迫等非法手段使原告撤诉的，法院可根据情节轻重，予以训诫、责令具结悔过或者处一万元以下的罚款、十五日以下的拘留；构成犯罪的，依法追究刑事责任。

针对行政机关不到庭应诉，或者中途随意退庭的情形，规定法院“可以向上一级行政机关或者监察机关提出依法给予其主要负责人或者直接责任人员处分的司法建议”。

管辖制度改革是司法体制改革的重要方面。草案二审稿曾规定，高级人民法院可以确定若干基层人民法院跨行政区域管辖第一审行政案件。根据有些全国人大常委会委员、全国人大代表、最高人民法院和社会公众的意见，草案三审稿将可跨区域管辖第一审行政案件的法院，由基层法院扩大到了中级法院。

此外，草案三审稿还对行政诉讼中调解应遵循的原则、共同被告案件中对行政复议决定如何裁判等问题做出了规定。

11 司法为民
——全面深入推进司法体制改革

深化司法体制改革，建立公正高效权威的社会主义司法制度，是实现社会公平正义的“关键一招”，是推进法治中国建设的重要突破口。这一重点改革如何破题？有何难点热点？当前司法改革如何破除“地方化”“行政化”，回归司法规律，建立符合职业特点的司法人员管理制度？如何借外力的推动和社会参与，以更深入、更全面的司法公开为突破口倒逼司法公正？

为了让群众在每一个司法案件中都感受到公平正义
——我国司法体制改革向公正高效权威迈进

废止劳教制度、出台防范冤假错案制度规定……党的十八大以来，各级政法机关积极稳妥推进各项改革任务落实，深化司法体制改革取得新进展新成效。

促进社会公平正义、推进法治中国建设，深化司法体制改革是“重头戏”。党的十八届四中全会专题研究全面推进依法治国，必将引领司法体制改革朝公正高效权威迈进，让群众在每一个司法案件中都感受到公平正义。

顶层设计密集出台举措

2013年年底，全国人大常委会表决通过关于废止有关劳动教养法律规定的决定，延续半个多世纪的劳教制度正式退出历史舞台，彰显了我国人权司法保障制度的进步。

近年来，我国推进司法体制改革迈出了重要步伐，取得了明显成效，但也要看到，司法人财物受制于地方，司法行政化问题突出，审者不判、判者不审，直接影响司法公信力。要从根本上解决存在的问题，还要靠深化司法体制改革。

十八届三中全会《决定》明确提出“让人民群众在每一个司法案件中都感受到公平正义”的目标，并从维护宪法法律权威、深化行政执法体制改革、确保依法独立公正行使审判权检察权、健全司法权力运行机制和完善人权司法保障制度等多个方面推动司法体制改革。

中央全面深化改革领导小组第二次会议审议通过《关于深化司法体制和社会体制改革的意见及贯彻实施分工方案》，明确了深化司法体制改革的目标、原则，制定了各项改革任务的路线图和时间表，第三次会议审议通过《关于司法体制改革试点若干问题的框架意见》和《上海市司法改革试点工作方案》，对若干重点难点问题确定了政策导向。

一次次会议，一项项部署，努力把蓝图变成方案、把方案变成现实。严格规范减刑、假释、保外就医，建立国家司法救助制度，执法司法公开全面推进……随着一系列带有顶层设计与实践探索相结合的改革举措陆续推出，司法体制改革在重点领域和关键环节向纵深推进。

攻坚克难扎实推进改革

司法体制改革的举措，从纸面一步步走进现实生活，细微之处成果显现。

河北阜平县的袁某某在丈夫被人伤害致死后，不相信法院能够解决问题，不停地奔走于各级各部门，甚至拦截领导的车队，试图用极端方式表达自己的诉求。最终在省联合接访服务中心的引导和跟踪督办下，法院依法对她的案件做出公正判决。袁某某从极端上访转为依法诉讼，感受到了法律公平公正的阳光。

涉法涉诉信访改革推进以来，这样的案例越来越多地出现在人们视野中。经过一年多深入推进，政法机关涉法涉诉信访事项受理率、立案率有了明显提高，群众到党政信访部门上访数量明显减少。

一分部署，九分落实。各级政法机关从一项项具体改革举措做起，扎实推进司法体制改革。

2014 年 1 月 1 日起，全国 3000 多家各级法院的裁判文书在“中国裁判文书网”上接受公众监督；

精彩论述

推进司法体制改革，需革除不符合司法规律的“行政化”和“地方化”倾向。当前，司法机关内部以及司法机关上下级之间，仍然存在“层层请示、层层审批”“审的人不判、判的人不审”等现象。必须进一步突出法官、检察官等司法人员的办案主体地位，完善职业保障，落实司法责任制，明确划定“权力清单”，加大司法透明度，让法官、检察官心无旁骛、心无杂念、心无畏惧地办理案件，真正实现权责一致，才能实现“由审理者裁判、让裁判者负责”。

检察机关建立不立案、不逮捕、不起诉决定书等终结性法律文书公开制度。司法公开力度之大，前所未有。

党的十八届三中全会决定提出，严格规范减刑、假释、保外就医程序，强化监督制度。为了进一步推动这项改革，2014 年 2 月，中央政法委出台了关于严格规范减刑、假释、暂予监外执行，切实防止司法腐败的指导意见。

改革人民监督员选任管理方式，是深化司法体制改革的一项重要举措。2014 年 9 月，最高检、司法部部署在北京等 10 省（区、市）开展人民监督员选任管理方式改革试点工作。

每一项具体改革任务的有序推进，都向着“让人民群众在每一个司法案件中都感受到公平正义”的目标更进了一步。

试点探路可复制可推广

深化司法改革，需要知难而进、攻坚克难的胆识和勇气。

完善司法人员分类管理、完善司法责任制、健全司法人员职业保障、推动省以下地方法院检察院人财物统一管理，都是司法体制改革的基础性、制度性措施，具有牵一发动全身的作用。

《关于司法体制改革试点若干问题的框架意见》和《上海市司法改革试点工作方案》下发后，中央决定这 4 项改革在 6 个省市先行试点，为全面推进司法改革积累经验。

实现司法公正，关键是要建立符合司法规律的办案责任制，做到“有权必有责、用权受监督、失职要问责、违法要追究”。

围绕办案责任制，广东省深圳市福田区法院率先推行审判长负责制改革，组建以审判长为中心的审判团队，使得法官的职、权、责高度统一。改革施行两年多来，该院结案数同比上升31.21%，一审服判息诉率同比上升9.13%。

2014年9月，上海召开首批法官助理、检察官助理任命大会，289名法官助理、检察官助理接受任命。这是新中国成立以来我国产生的首批法官助理、检察官助理。这项人员分类管理改革举措是上海积极推进司法体制改革先行试点工作的重要一步。

2014年9月5日，在上海友谊会堂，新任检察官助理接受任命书后在台上合影。当日，上海召开首批法官助理、检察官助理任命大会，289名法官助理、检察官助理接受任命。这是新中国成立以来我国产生的首批法官、检察官助理，也是上海推进司法体制改革先行试点工作的重要一步。(新华社记者　方喆　摄)

建设法治中国是实现中华民族伟大复兴"中国梦"的关键一步。新的历史时期下，各级政法机关将担起新的历史使命，为建设社会主义法治国家打下坚实的法律基础。

让人民群众共享司法改革成果

——中央司法体制改革领导小组办公室负责人详解四中全会决定几大焦点问题

2014年10月30日，国务院新闻办公室举行新闻发布会，邀请中央司法体制改革领导小组办公室负责人姜伟介绍党的十八届四中全会《中共中央关于全面推进依法治国若干重大问题的决定》的重大意义和司法领域的重大举措，并就社会各界关心的问题回答了记者提问。

司法体制改革部署体现三个导向

姜伟介绍，《决定》关于司法体制改革的战略部署有三个特点：

第一，注重改革的全面性，体现需求导向。随着司法体制改革向纵深发展，必须加强顶层设计，全面规划，避免改革的碎片化。《决定》对司法体制改革的部署，充分反映了社会对司法公正的需求、对深化改革的期待。

> **专家观点**
>
> 改革核心就是规范权力的边界，让审判的归审判、行政的归行政。
>
> **——辽宁省新民市法院院长、中国政法大学兼职教授　樊志军**

第二，注重改革的针对性，体现问题导向。目前，人民群众反映比较强烈的是司法不规范、不公正、不廉洁的问题。《决定》提出的改革部署，着力解决影响司法公正和制约司法能力的深层次问题，在不断解决问题中深化改

图为2014年10月30日，姜伟在新闻发布会上回答记者提问。当日，国务院新闻办在北京举行新闻发布会，邀请中央司法体制改革领导小组办公室负责人姜伟介绍党的十八届四中全会《中共中央关于全面推进依法治国若干重大问题的决定》的重大意义和司法领域的重大举措等相关情况，并回答记者提问。（新华社记者 沈伯韩 摄）

革，健全司法管理体制和司法权力运行机制。

第三，注重改革的可行性，体现务实导向。深化司法体制改革要量力而行，尽力而为，先易后难，有序推进。对看准了的改革，要从容易形成共识的事项做起、从有条件改革的事项做起，争取早日取得成效，让人民群众共享司法体制改革的成果，在每一个案件中感受到公平正义。

三招防止领导干部干预司法

针对领导干部干预司法将被追责的问题，姜伟说，《决定》

对领导干部干预司法活动插手具体案件的问题主要有三个措施：

第一是全程留痕，领导干部干预司法活动插手具体案件要记录在案。

第二要公开通报，领导干部插手司法活动情节恶劣的要公开通报。

第三如果干预个案，造成严重后果的，要依法依规追究责任。

解决群众“信访不信法”重在三个环节

如何解决一些群众“信访不信法”也是各界关注的问题。姜伟表示，从实践来看，影响群众“信访不信法”的问题主要有三个环节：

干 扰　　新华社发 徐骏 作

一是入口问题。人民群众反映的问题怎样能够纳入司法程序，让法院审理。四中全会这次提出了重大的改革举措，就是改革法院的立案机制，由立案审查制转为立案登记制，要求法院对依法应该受理的案件，做到有案必立，有诉必理。

二是程序空转问题。有些案件在司法机关审理，尽管法律程序走完了，但问题没有得到解决。下一步改革的重点就是解决程序空转问题，让人民群众的合法诉求依照法律程序就能得到解决。

三是维护司法权威。确有一些案件经过法院的审理，判决是公正的，这时候我们要维护司法权威，要服从法院的裁判，但对人民群众的实际困难，有关部门要通过司法救助等方式加以解决。

“依法独立公正行使审判权检察权”与“司法独立”是两回事

有记者问到，“四中全会提出完善确保依法独立公正行使审判权和检察权的制度，这和司法独立有何区别?”

姜伟表示，“司法独立”的概念是根据一些国家三权分立的政体提出来的。中国实行的是议行合一的人民代表大会制度。人民代表大会不仅是立法机关，而且是权力机关。人民法院、人民检察院由人民代表大会产生，对其负责，并受其监督。

“所以，从这个意义上讲，我们提出‘依法独立公正行使审判权检察权’，与‘三权分立’政体下的‘司法独立’是两回事。”姜伟说。

“《决定》明确要求，任何党政机关和领导干部都不得让司法机关做违反法定职责、有碍司法公正的事情，任何司法机关都不得执行党政机关和领导干部违法干预司法活动的要求。”姜伟表示，这是对“确保依法独立公正行使审判权检察权”最好的阐释。

改革必须坚持于法有据

谈到改革和立法二者关系的问题，姜伟表示，法治领域改革包括司法体制改革，必须首先要注意的一点，就是维护宪法和法律的权威。

姜伟说，《决定》提出改革要于法有据，意味着这样几个要求：

第一，要加强对改革的顶层设计，把改革的顶层设计与完善立法的决策有机衔接起来。在确定改革方案的时候，要与需要修改的法律同步研究。

第二，在改革中需要调整法律的，要先修改法律再启动改革，不能以改革为名，破坏现行法律，损害法律权威。

第三，一些改革举措，需要突破现行法律，但是修改现行法律条件又不具备，需要试行一些改革举措为修改法律积累经验、创建条件的，要由立法机关通过法定程序授权有关部门启动改革或者试行改革。比如今年全国人大常委会授权部分地区刑事案件速裁程序试点，就是一个例证。

第四，一些不涉及法律调整的改革，比如工作机制的改革，鼓励地方在法律框架内积极探索。

内修职业化　外塑公信力

——司法体制改革难点热点扫描

2014年10月召开的党的十八届四中全会，首次以法治建设为主题，研究全面推进依法治国重大问题。深化司法体制改革，建立公正高效权威的社会主义司法制度，是推进法治中国建设的重要突破口。这一重点改革如何破题？有何难点热点？当前司法改革如何破除“地方化”“行政化”，回归司法规律，建立符合职业特点的司法人员管理制度？如何借外力的推动和社会参与，以更深入、更全面的司法公开为突破口倒逼司法公正？记者就此采访了专家、司法界人士和基层民众。

迈过“地方化”“行政化”两道坎

“改革要让法院更像法院，让法官更像法官”“地方化、行政化，是必须迈过的两道坎”……谈起司法体制改革的关键环节，从最基层的司法人员到大法官、大检察官，从律师到专家学者，大家都指向“回归司法规律，建立符合职业特点的司法人员管理制度”这一“牛鼻子”。

由于历史和现实的原因，我国司法体制带有较强的行政色彩，长期以来将法官、检察官等同于一般公务员管理，没有体现其自身规律和职业特点。同时，司法责任制不明，“审者不判，判者不审”，造成司法责任分散、模糊，权责利不统一。

“地方各级人民法院是国家设在地方的法院，代表国家行使司法权，不是‘地方的法院’。”司法界人士表示，长期以来，我国司法人员和地方法院、检察院经费按行政区域实行分级管理、分级负担的体制，存在司法权地方化倾向。

社科院法学所所长李林认为，十八届三中全会《决定》提出的改革司法管理体制，推动省以下地方法院、检察院人财物统一管理等改革举措，对于确保法院、检察院依法独立公正行使审判权、检察权，具有深远意义。

在全国首批试点地区上海，司法体制改革已经“在路上”。实行法官、检察官“员额制”，法官、检察官单独职务序列管理，推行主审法官、主任检察官办案责任制，全市法官、检察官“统一提名、分级任免”……上海的试点方案剑指司法体制的难点与热点。“改革厘清了审判管理权和审判权的边界，院庭长可以参加合议庭审案子，也可以按照规定启动审判长联席会议、专业法官会议讨论案件，发表的意见要有记录，合议庭可以采纳也可以不采纳。”上海二中院金融审判庭副庭长竺常赟说，改革以后合议庭的权力和责任更大，反过来倒逼合议庭要非常慎重地审判。

精彩论述

司法体制改革是全面深化改革的重要组成部分，是坚持党的领导、人民当家做主和依法治国有机统一的重要路径。当前，司法体制改革的“路线图”和“时间表”已经明晰，要按照顶层设计，加强统筹协调，以“咬定青山不放松”的决心、耐心和定力，循序渐进推进改革，使司法切实成为维护社会公平正义的“最后一道关口”。

“改革必将让法官、检察官职业受到大家尊重和向往，我对此有信心。”重庆四中院院长孙海龙说，从司法人员分类管理、司法责任制到省以下司法人员统管等试点工作，改革的‘顶层设计’和路径很清晰，改革效果值得期待。

司法公开倒逼司法公正

“司法公开像根扁担，一头挑起司法公信，一头挑起司法公正”，广州中级人民法院大厅展板上的这句话，形象地表达出司法公开的意义。2014 年 9 月，广州两级法院 13 名正副院长重回审判席，亲自上庭审案，而且全都进行网络直播。广州中院院长刘年夫说：“司法公开目前是社会认识一致、改革阻力小、实践效果好，倒逼司法公正的重要突破口。”

“司法公开是司法自信的表现，是司法公信的保障。”重庆市高院院长钱锋认为，近年来，审判流程公开、裁判文书公开和执行信息公开三大平台建设，都取得扎实成效。通过审判流程公开平台，当事人可以获知立案日期、合议庭组成人员、承办法官、送达、管辖权处理、财产保全和先予执行等情况；通过裁判文书公开平台，可以看到依法可以公开的裁判文书；通过执行信息公开平台，当事人可以获取执行立案信息、执行人员信息、执行程序变更信息、执行措施信息、执行财产处置信息等。

互联网科技与市场手段使司法公开更加透明、便捷与高效。浙江、江苏、河南等省借助网络交易平台，以电子竞价方式依法处置诉讼财产；重庆引入第三方平台实现司法拍卖分权制衡，全市司法拍卖全部进入重庆联合产权交易所，实行电子竞价方式拍卖，比较好地防止了司法拍卖暗箱操作、内幕交易、低价贱卖等问题。

“从‘以公开为原则，以不公开为例外’要求看，司法公开仍有较大空间。”上海市君悦律师事务所主任刘正东认为，可进一步增强裁判文书的说理性，注重裁判过程的公开；其次强化庭审公开，让公正眼见为实。在推进重大案件庭审直播的同时，下一步改革应把完善公众旁听作为庭审公开的重点。

群众有序参与提升司法公信

“历史经验证明，改革若离开了人民群众参与，没有民众的支持，就难以成功。”河南省高院院长张立勇认为，十八届三中全会提出“拓宽人民群众有序参与司法渠道”，是提升司法公信力的有效方式。

王传清是中石油西南油气田分公司的职工，自 2010 年担任重庆市一中院人民陪审员以来，平均每年参与案件 100 多件。谈起直接参与司法审判的感受，他深有感触地说：“人民陪审员参与审判，把社会公正标准带入个案审判中，与精通法律的专业法官思维互补，有助于提升司法公信，参与司法和监督司法，让我体会到了作为一名人民陪审员的分量!”

为进一步增强陪审员的广泛性和代表性，让更多的普通群众参与司法。最高法院去年提出了陪审员数量翻一番的“倍增计划”，力争将全国法院人民陪审员数量增至 20 万左右。截至 2013 年年底，河南省在原有人民陪审员 7058 名的基础上，新增补人民陪审员 8258 名，达到基层法院法官的 2.38 倍，率先实现最高法院的“倍增计划”。增选人员涵盖工人、农民、进城务工人员、基层民调人员、中小学教师、退伍军人、退休人员等群体，使人民陪审员更具有广泛性和代表性，结构更趋合理。

“司法公信力本质上表现为司法与社会间的互动关系，最终检验的标准在于群众的感受。在推动司法队伍专业化、职业化的同时，破除‘司法神秘主义’心态，保障人民群众参与司法、了解司法和监督司法，必将提升司法的公信力。”张立勇说。

改革剑指“量化考核崇拜”，是司法一次大进步

中央政法委要求，中央政法各单位和各地政法机关今年将对各类执法司法考核指标进行全面清理，坚决取消刑事拘留数、批捕率、起诉率、有罪判决率、结案率等不合理的考核项目。

司法领域一系列考核项目的取消，让人眼前一亮。继最高人民法院决定取消对全国各高级人民法院的考核排名之后，中央政法委又对有罪判决率、结案率等不合理的考核项目亮剑，这种大刀阔斧、雷厉风行的改革姿态值得点赞。

鉴于数字简单直观的特性，很多时候我们往往习惯于用量化的数据和指标，去评价一个地方和部门的工作业绩。司法领域引入量化考核的本意，也是为了反映公检法机关的工作效率和与犯罪分子进行斗争的效果。不过，与其他部门所不同，这些司法考核指标在很大程度上并不取决于司法部门的主观努力，而是受到多种外在因素的影响。一味追求量化考核，很容易造成对司法工作的人为干扰，滋生不作为、乱作为。

比如，为了提高“年底结案率”，一些基层法院从每年 11 月份左右就不办理立案，一审法院也不再向二审法院移交上诉案件，导致不少律师和民众怨声载道。再比如，从司法规律而言，有一定的无罪判决率是正常现象。但近年来一些地方检察院频频

全面清理　　新华社发　徐骏　作

爆出起诉案件有罪判决率100%，显然不符合常理。业内专家指出，盲目追求100%的有罪判决率，必然造成两种负面效果，要么检方起诉过于谨慎，有的该起诉而不起诉，可能放纵犯罪；要么对一些明显无罪的案件，通过各种非正常的途径"勾兑"，给被告人定罪量刑。

以事实为依据，以法律为准绳，是司法机关应该坚持的基本原则。一个人该不该被批捕、起诉、判刑，必须由司法机关在查清事实的基础上，正确适用法律，公平公正地进行裁定。现代法治讲求无罪推定，任何人在未经依法判决有罪之前，应视其无罪。而设置有罪判决率等指标的前提却是有罪推定，即认为被怀疑犯罪或者受到刑事指控的人就是实际犯罪人，法院的职责就是宣布其有罪。类似这些不合理的考核指标，轻则妨碍司法部门的工作效率，重则酿成冤假错案，损害了司法权威和公信力。

2013年，杭州相继曝出张氏叔侄奸杀案、萧山五青年抢劫杀人案两起错案，引发社会强烈关注。在为冤案平反的基础上，浙江省开始痛定思痛，着力扭转以数字看成绩的传统考核体系。浙江省公安系统当年起取消全省打防控考核和综合考评，不再搞破案率、批捕率、起诉率等排名通报，而是把更多精力放到优化执法质量考核和强化民警能力素质上来。浙江省检察院则通过建立健全流程监控、法律文书管理、一类案件分析和执法办案情况通报等监督措施，进一步强化对办案程序和办案质量的监督管理。

2014年是司法体制改革全面深入推进的一年，中央政法委取消有罪判决率等不合理考核指标，吹响了深化改革的号角。有破才有立，期待司法部门从重量向重质转变，依据司法规律和实际工作需要，建立健全科学合理的评价体系，切实发挥考评的正确引导功能，保障依法公正办案及办案质量。

晒一晒司法体制改革“早收清单”

在人民对公平正义的呼唤和期盼中，司法体制改革已经迈上具有中国特色且符合司法规律的改革之路。

党的十八届四中全会明确提出全面推进依法治国，在十八届三中全会对司法体制改革作出重大部署的基础上，对保障司法公正提出了60余项更深入、更具体的重大改革举措。

一分耕耘，一分收获。目前，司法体制改革已经取得哪些成果，在哪些领域取得了突破？让我们来看一看这份“早收清单”。

巡回法庭“开业”在即

2014年12月2日，中央全面深化改革领导小组第七次会议审议通过中央政法委会同最高人民法院研究提出的《最高人民法院设立巡回法庭试点方案》。经全国人大常委会表决通过，刘贵祥任最高人民法院第一巡回法庭庭长、胡云腾任最高人民法院第二巡回法庭庭长。此外，还任命了四位巡回法庭副庭长。

按照改革部署，最高人民法院第一巡回法庭设在广东省深圳市，第二巡回法庭设在辽宁省沈阳市。两个巡回法庭将于2015年年初受理、审理案件。

【点评】最高法巡回法庭相当于最高法的派出机构，在审级上等同于最高法。巡回法庭的判决效力等同于最高法的判决，均为终审判决。设立最高人民法院巡回法庭，审理跨行政区域重大行政和民商事案件，将有利于审判机关重心下移、就地解决纠纷、方便当事人诉讼，同时也有利于最高人民法院集中精力制定司法政策和司法解释、审理对统一法律适用有重大指导意义的案件。

跨行政区划法院检察院启动试点

2014年12月2日，中央全面深化改革领导小组第七次会议审议通过中央政法委会同最高人民法院、最高人民检察院研究提

图为 2015 年 2 月 2 日，在位于深圳的最高法第一巡回法庭，法官（左一）在接谈室接待申诉者。当日，最高人民法院第一巡回法庭开始正式受理案件。最高法第一巡回法庭 1 月 28 日在深圳挂牌，巡回区为广东、广西、海南三省区。依照《最高人民法院关于巡回法庭审理案件若干问题的规定》，巡回法庭是最高法派出的常设审判机构，巡回法庭作出的判决、裁定和决定，是最高法的判决、裁定和决定。（**新华社记者　毛思倩　摄**）

出的《设立跨行政区划人民法院、人民检察院试点方案》。

同月 28 日，上海铁路运输中级法院、检察分院加挂第三中级人民法院、市人民检察院第三分院牌子。30 日，北京铁路运输中级法院、检察分院加挂市第四中级人民法院、市人民检察院第四分院牌子。这标志着跨行政区划人民法院、检察院全面启动试点。

【点评】设立跨行政区划人民法院、人民检察院，有助于构建普通案件在行政区划法院审理、特殊案件在跨行政区划法院审理的诉讼格局，防止相关诉讼出现“主客场”现象，排除对审判工作和检察工作的干扰，保障法院和检察院依法独立公正行使职权。

着眼破解“执行难”法院执行指挥系统开通

2014年12月24日，最高人民法院执行指挥系统开通，最高法执行指挥办公室同时挂牌。

覆盖全国的最高法执行指挥系统以执行网络查控为核心，将全国四级法院间的执行网络纵向互联，与各中央国家机关、商业银行总行网络横向对接。系统具备的案件管理、网络查控、远程指挥、信息公开、信用惩戒等多种功能，从基层法庭到最高法院所有的执行人员，都可以通过网络对债务人身份和财产信息在全国范围内进行查询和控制。

同时，最高法在全国建立“执行黑名单”制度，截至2014年12月10日已公布失信被执行人近77万余人，其中自然人近66万余名，法人及其他组织10万余个，已经限制近9万人次购买飞机票，近5万人次购买列车软卧。

【点评】法院判决效力与执行问题是“一道绕不过去的坎”。再公正的司法裁判，如果得不到严格执行，就会沦为一张废纸，损害司法公信力。信用惩戒制度推出以来威慑效果明显，大部分法院案件执结率和实际到位率都有较大幅度提高。这一变化值得肯定，同时也启示我们：走出“执行难”困境，需要体制改革、方法创新，需要用足现行的法律、经济、文化、社会等多种“武器”，进一步树立法律权威，使人们敬畏和信仰法律。

检察机关提起公益诉讼“试水”

2014 年 10 月 20 日，贵州省金沙县检察院的一纸诉状，将金沙县环保局告上了法院，请求判令金沙县环保局依法履行处罚职责。这是我国首例由检察机关提起的行政公益诉讼。

建立检察机关提起公益诉讼制度，完善检察机关行使监督权的法律制度，是司法体制改革中的一项重要举措。

最高检司法体制改革领导小组办公室主任王光辉介绍，2014 年底最高检启动了检察机关提起公益诉讼制度研究，并专门召开会议听取了专家意见，正在研究制定试点工作方案，包括试点地区怎么选择、试点案件范围、诉讼程序怎么设计等。

据介绍，最高检将力争 2015 年出台公益诉讼制度试点工作指导意见，对试点工作要把握原则、案件范围、诉讼程序和制度设计等相关内容予以规定。

【点评】现实生活中，对一些行政机关违法行使职权或者不作为造成对国家和社会公共利益侵害或者有侵害危险的案件，如国有资产保护等，由于与公民、法人和其他社会组织没有直接利害关系，使其没有也无法提起公益诉讼，导致违法行政行为缺乏有效司法监督。由检察机关提起公益诉讼，有利于优化司法职权配置、完善行政诉讼制度，也有利于推进法治政府建设。

社区矫正实现新突破

监管教育帮扶工作扎实开展，社区矫正机构和队伍建设进一步加强，社区矫正社会保障能力有了新提高，社区矫正工作机制进一步完善……刚刚过去的 2014 年，社区矫正工作步入全面发展阶段。

截至 2014 年 11 月底，全国累计接收社区服刑人员 218.9 万人，累计解除矫正 145.9 万人，现有社区服刑人员 73.1 万人，社区服刑人员在矫期间重新违法犯罪率一直保持在 0.2%左右的较低水平。

为实现社区矫正工作依法规范开展，司法部会同最高人民法院、最高人民检察院、公安部联合出台《关于全面推进社区矫正工作的意见》。各地制订出台相关实施细则和管理制度，对社区服刑人员判、交、送、接、管、帮、罚等环节衔接制度均做出具体规定。

此外，社区矫正立法也在加快。目前，立法工作协调小组已经成立，正在积极开展调研和草案修改工作。

【点评】劳动教养制度废止后，亟待完善对违法犯罪行为的惩治和矫正法律，健全社区矫正制度。社区矫正工作是高墙外的人性化服刑，定位于在非监禁状态下帮助犯罪人矫正犯罪心理和行为恶习，使这一特殊群体顺利回归社会。这既体现了法治的威严，也体现了法治的温情。必须看到，社区矫正工作还面临着法律制度不完善、队伍力量不足、基础设施不健全等困难和问题，需要以改革的勇气和改革的办法进一步加以解决，为维护社会和谐稳定、推进平安中国建设发挥更大作用。

12 捍卫法治生命线
——让每一个司法案件体现公平与正义

公正是法治的生命线，也是人民群众感知依法治国的一把尺子。司法公正与否，不仅影响人民群众对法治中国建设的信心、对党风政风的评判，更关系到依法治国总目标的实现。学习贯彻四中全会精神，就是要通过完善体制机制，规范司法行为，加大对司法活动的监督力度，重点解决影响司法公正的深层次问题，努力做到让人民群众在每一个司法案件中都感受到公平正义，让司法为社会支撑起公平正义的广阔天空。

中国稳步推进司法公开

“原审法院认定基本事实不清、遗漏当事人……发回山西省吕梁市中级人民法院重审。”近日，山西省高级人民法院首次公开民事发回重审案件，并对外宣布，从即日起，该院将公开民事发回重审案件，推进司法改革。

“这是山西首次向社会公开发回重审环节，据我们了解，在中国也属首次。”山西省高级人民法院新闻发言人段艾生表示，随着司法改革进程加快，中国司法公开化程度不断提高。

分析人士指出，司法公开是法治社会的重要标志。中国政法大学副校长马怀德认为，司法的特点是公正理性的审理、独立客观的裁判，公开透明是保证审判公正的重要保证，使司法机关更具公信力。

在山西省高院公开的这起民事发回重审案件中，山西省高院不仅裁定该案发回吕梁市中级人民法院重审，还将长达25页的民事裁定书向当事人和社会做了公布。

“在实际工作中存在一些环节被疏忽、遗忘，例如发回重审这个环节。”段艾生介绍，以往的案件发回重审理由在公开的裁定书上多为“事实不清、证据不足”等简短、笼统表述，裁定书也多为一张纸、两个页码。具体的理由、依据作为审判机密不公开，以内部函件的形式通知下级法院，既不告知当事人，也不对社会公开。

该案主审法官门华介绍，现在依照裁判文书公开的规定和要求，进行了一些改革，公开发回理由、发回依据、发回方式。“对发回重审的理由和依据一并写到裁定书中，向当事人和社会公开，不熟悉法律的人也能看明白。”

向社会公开发回重审案件，是中国稳步推进司法公开的一个缩影。司法公开是司法公正的前提和保障，近年来，中国推动司法公开的步伐不断加快。

中共十八届四中全会作出全面推进依法治国的决定，提出构建开放、动态、透明、便民的阳光司法机制，推进审判公开、检务公开、警务公开、狱务公开，依法及时公开执法司法依据、程序、流程、结果和生效法律文书。

自 2014 年 1 月 1 日起，符合条件的法院生效裁判文书已开始在互联网全面公布，接受百姓监督。最高人民法院开设的中国审判流程信息公开网也于日前开通，公众可查询最高法以及北京、浙江、重庆等 20 个省（区、市）地方法院的案件审判流程信息和进展情况。

法律界人士表示，裁判文书上网可以规范和限制法官的自由裁量权，抵制各种不当的干预。而通过审判流程信息公开能够促进司法公正、提升司法公信力，提升审判流程规范化、信息化、科学化水平，将审判权关进制度的笼子里。

“通过司法公开来倒逼司法公正，可以保障诉讼当事人权利，加强舆论和社会对司法公平公正的监督，能够提升司法公信力，最终的目的是保证每个人感受到公平正义。”马怀德说。

在马怀德看来，现在司法公开还处于起步阶段。他表示，法院、检察机关、公安机关都应该全面纳入司法公开的范围；国家还应该制定相关的司法公开法，来规范司法公开的行为。“目前很多司法公开的措施是依据一些政策来制定的，缺乏法律依据，要让司法公开由政策依据变为法律依据。”

北京大学法学院教授刘荣军也表示，目前的许多举措是对结果的公开，真正的司法公开应该是过程的公开。“司法公开要把以权为中心，以审为中心和以法为中心的思路，变成以民为中心，以法理为中心、以当事人为中心，以解决问题为中心转变。”

2014年11月28日，河北廊坊开发区法院数字化法庭公开审理一起刑事案件。河北廊坊开发区法院高度重视并持续推进信息化建设。2007年该院在全省率先建立数字化法庭，后相继建立完善审判流程公开、裁判文书公开和执行信息公开三大平台。目前，该院已实现符合公开要求的生效裁判文书和庭审全部公开，对规范司法权力运行，提高司法公信力起到积极促进作用。（新华社记者　李晓果　摄）

用公正守护法治生命线

公正是法治的生命线，也是人民群众感知依法治国的一把尺子。司法公正与否，不仅影响人民群众对法治中国建设的信心、对党风政风的评判，更关系到依法治国总目标的实现。

党的十八届四中全会提出了实现公正司法的目标，明确了“保证公正司法，提高司法公信力”等全面推进依法治国的重大任务，突出了工作重点和总抓手，回应了社会和公众对于司法公正的高度关切，为更好实现司法公正提供了基本遵循。

司法是维护社会公平正义的最后防线。司法保障公平正义的实现，也体现着对社会公正的重要引领。可以说，没有公正司法，就没有社会的公平正义。改革开放以来，我国法治建设取得了巨大成就，但也存在以言代法、以权压法，徇私枉法等问题，办关系案、人情案、金钱案现象时有发生，损害了法律权威，也损害到社会公正。学习贯彻四中全会精神，就是要通过完善体制机制，规范司法行为，加大对司法活动的监督力度，重点解决影响司法公正的深层次问题，努力做到让人民群众在每一个司法案件中都感受到公平正义，让司法为社会支撑起公平正义的广阔天空。

精彩论述

司法机关是维护社会公平正义的最后一道防线，只有肩扛公正天平、手持正义之剑，才能完成党和人民赋予的光荣使命。"站稳脚跟"，就是要旗帜鲜明地坚持党的领导，支持人民当家做主，把维护党和人民的利益作为工作出发点和落脚点；"挺直脊梁"，就是要对立惩恶扬善、执法如山的浩然正气，要信仰法治、坚守法治。而脚跟稳不稳、脊梁直不直，判断标准就看工作中是不是"只服从事实，只服从法律，铁面无私，秉公执法"。

公正司法，首先要强化体制机制的保障。依法独立公正行使审判权和检察权，是实现公正司法的基本前提和重要基础。按照全面推进依法治国的目标要求深化司法体制改革，推出建立健全违反法定程序干预司法的登记备案通报制度和责任追究制度、建立健全司法人员履行法定职责保护机制、探索建立与行政区划适当分离的司法管辖制度等关键举措，保证司法机关依法独立行使职权，进一步完善司法权力运行机制，是搞好司法工作、实现司法公正的重要抓手。只有确保办案质量经得起法律和历史的检验，完善人权司法保障，健全冤假错案有效防范、及时纠正机制，才能增强人

杜 绝　　新华社发 徐骏 作

民群众对司法公正的信心。

权力在阳光下运行，才能杜绝腐败。公正司法作为公权力的行使自然不能例外。一方面，进一步健全司法内部监督制约机制，让执法司法权在制度的笼子里运行。通过完善检察机关行使监督权的法律制度、完善人民监督员制度，加强法律监督，在执法办案各个环节筑起最严密的篱笆墙，给群众诟病的“关系案、人情案、金钱案”架上“高压线”，让司法腐败无处藏身。另一方面，还要依靠人民群众的监督，构建阳光司法机制。通过保障人民群众参与司法活动，完善人民陪审员制度，充分发挥人民群众的监督力量，以公开促公正，使司法机制在阳光下运行。

公正司法，最终要落实到法律的执行中，体现在执法者秉公执法的过程里。建设一支政治过硬、业务过硬、责任过硬、纪律过硬、作风过硬，信念坚定、执法为民、敢于担当、清正廉洁的高素质法治工作队伍，是确保司法公正的关键。建设高素质的法治工作队伍，思想政治建设是首位，通过正规化、专业化、职业化建设，不断完善职业准入和人才招录等制度。只有创新培养机制，推动中国特色社会主义法治理论进教材进课堂进头脑，才能为建设忠于党、忠于国家、忠于人民、忠于法律的社会主义法治工作队伍培养源源不断的人才及后备力量。

“凡法事者，操持不可以不正。”公正司法，代表了国家法治文明程度，决定着国家治理体系和治理能力现代化。按照全面依法治国的重大决策部署进一步促进公正司法，必将充分发挥法治对于国家发展进步的保障、支撑和推动作用，为实现党和国家长治久安、民族复兴伟大梦想夯实法治之基，凝聚磅礴之力。

冤案昭雪成为中国法治进步里程碑

在我国的法治进程中，2014 年是具有里程碑意义的一年。

是年 10 月 20 日至 23 日召开的十八届四中全会，在党史上首次专题研究全面推进依法治国重大问题。

12 月 15 日，18 年前被控强奸和杀人并被执行死刑的 18 岁青年呼格吉勒图，被改判无罪。随后，内蒙古自治区高级人民法院和人民检察院分别成立调查组，对造成这起错案负有责任的人员进行调查。

“谁在哪个环节办了什么错案，自己应该站出来负责，要承担自己的错误。”呼格吉勒图的母亲尚爱云说。她和丈夫为讨回儿子的清白耗费了 9 年时间。

内蒙古宏德律师事务所律师艾国平说："这是中国错案、冤案平反后一次高调、高效追责，体现了中国司法界愈加严格执行纠错倒查的决心。"

在北京燕园律师事务所律师刘辉看来，近年来司法环境相对好了很多。"一些重大冤假错案启动了追责程序，尽管有些追责并不彻底，但已经有了进步。"

"党的十八届四中全会提出，领导干部干预司法将被追责，这对防止冤假错案有很大帮助。"他说。

刘辉认为，也有不少冤案是在民间、律师、媒体的压力下才予以纠正。"公检法系统内部主动纠正的极少，而且追责不彻底，有的处理是内部处理、纪律处理，没走法律程序，有的甚至因当事人退休或转行了，追责不了了之。"

同时，呼格吉勒图案还引起人们对刑讯逼供的猜测。目前，调查结果尚未公布，呼格吉勒图亦无可能亲述当年究竟发生了什么，但去年早些时候，从死罪改判无罪的念斌曾表示，自己被严刑逼供过。

"自古以来，刑讯逼供就是造成各种冤案的重要原因。"河南省高院院长张立勇说。

十八届四中全会通过的《中共中央关于全面推进依法治国若干重大问题的决定》指出，要"健全落实罪刑法定、疑罪从无、非法证据排除等法律原则的法律制度。完善对限制人身自由司法措施和侦查手段的司法监督，加强对刑讯逼供和非法取证的源头预防，健全冤假错案有效防范、及时纠正机制。"

在称赞法治进步的同时，人们也为受冤者的遭遇感到痛心。

即便对那些还活着的人，一次错判也足以改变其人生轨迹。

2010 年 5 月 9 日，已服刑 11 年的河南商丘农民赵作海被无罪释放，因为几天前，“被害人”突然返回家中。事后，赵作海获得 65 万元的国家赔偿。

然而，他并未从此过上好日子。

为了这些钱，赵作海家里的亲戚闹得反目，使他无家可归。他试图做生意，却因入狱多年、与社会脱节，几次尝试都血本无归。

因此，法律界人士希望，这些昭雪的冤案能够给公安、司法机关以警示，不要让悲剧重演。

呼和浩特市赛罕区检察院一位不愿透露姓名的检察员说，呼格吉勒图案再审宣判在司法界影响很大。事后，检察系统专门开会强调，提审犯罪嫌疑人时要注意程序的正当性。“比如，每次笔录都一定要有录音录像，而且不能超时。”她说。

也有人坦言，目前公检法系统的“人治”因素仍然存在。

“处于一线的办案人员仍不得不按照领导的意思办，即使办错，也得听命于上级。”某地公安部门一名不愿透露姓名的工作人员说。

有专家表示，中共治国理政经历了从“人治”到“法治”的执政规律认识过程。而去除一些领导干部根深蒂固的“人治思维”和“特权观念”，还需假以时日。

但这并不妨碍 2014 年的法治进步带给民众的鼓舞和期待。

呼格吉勒图被宣告无罪的当天，尚爱云和张焕枝通了电话。张的儿子聂树斌于 1995 年因涉嫌强奸和故意杀人被判处死刑，时年 21 岁。

与呼格吉勒图一案相似的是，2005 年，另一名嫌疑人供称自己才是真凶。2014 年 12 月，最高人民法院指令山东省高级人民法院复查聂树斌案。

尚爱云说，她从儿子的平反中看到了希望。“要坚持、坚持、坚持!”她对张焕枝说。

纠错与改革推进中国法治进步

过去的 2014 年，堪称中国的法治进步之年。这一年，中国的法治进步主要体现在两方面：一是“纠错”，落实“依法独立公正行使审判权检察权”，避免司法受干扰，让法官依法独立断案，让一些社会关注的旧案有了新进展；二是“改革”，即司法层面的诸多改革大踏步启动。

2014 年，一系列拖延多年的积案，得到无罪改判。这就包括贵州张光祥抢劫杀人案、海南黄家光故意杀人案、甘肃陈琴琴故意杀人案、甘肃任明芳故意杀人案等，以及社会影响更大的福建念斌投毒案。与以往冤案平反靠“亡者归来”“真凶落网”不同的是，这些被改判无罪的案件中，只有一起案件是因“真凶归来”而改判无罪的，其他都是依“疑罪从无”改判的。

过去一年中的司法实践，将 1996 年就已写入《刑事诉讼法》的“无罪推定”原则落到了实处——在司法活动中，只要证据不足就是疑案；只要是疑罪就应该从无，就应该宣判无罪，既不能以“真凶落网”为“纠错”的前提，也不能再搞过去“疑罪从轻”“疑罪从挂”那一套。从 2013 年“浙江叔侄”等冤案翻案，到 2014 年多起案件被“纠错”，公众看到了司法机关“让正义不再迟到”的担当和勇气。

盘点 2014 年的法治大事件，自然少不了被改判无罪的呼格吉勒图案，以及最高法指令山东省高院复查的聂树斌案。两起拖延多年的积案，在 2014 年岁尾的寒冬里接连出现转机，让人们看到法治中国迎难而上、“大扫除”的勇气。“即从巴峡穿巫峡，便下襄阳向洛阳”，疑案和积案每少一个，中国法治就进一分。希望今后冤案及时平反，法官对于“疑罪从无”的坚守，成为法治“新常态”。

回顾 2014 年的中国法治，另一个关键词是“改革”——2014 年也被媒体称为司法改革之年。在去年三中全会的基础上，2014 年 6 月，中央全面深化改革领导小组第三次会议审议通过了《关于司法体制改革试点若干问题的框架意见》《上海市司法改革试点工作方案》和《关于设立知识产权法院的方案》。7 月，最高人民法院还通报了《人民法院第四个五年改革纲要（2014—2018）》的核心内容。

一系列轰轰烈烈的司法改革新探索，在 2014 年陆续推出。广东、上海等六个省市（目前贵州省也进入试点名单中）的司法改革试点，八仙过海，各显神通，努力在地方层面闯出新路径；上海率先对法官、检察官实施“员额制”改革，将司法机关工作人员分成三类：法官（检察官）、司法辅助人员、行政管理人员，三者比例分别为 33%、52%和 15%，探索法官有别于普通公务员的单独职务序列。

2014年法治进步的沸点，无疑是10月召开的十八届四中全会——这是中央首次将“依法治国”作为全会主题。会后公布的《中共中央关于全面推进依法治国若干重大问题的决定》，为全面推进依法治国指明了方向——它规定了“宪法宣誓”机制，重申了宪法堂堂正正的最高法地位；最高人民法院设立巡回法庭，审理跨行政区域重大行政和民商事案件，探索设立跨行政区划的人民法院和人民检察院，办理跨地区案件；《决定》明确提出要建立从律师、法学专家中招录立法工作者、法官、检察官制度，旨在打通中国法律职业共同体的“任督二脉”；此外，《决定》将立案审查制改为立案登记制，建立领导干部干预司法活动的“记录、通报和责任追究制度”等微改革，大都有的放矢，有“四两拨千斤”的力量。

2014年岁末，还有一件与法治相关的大事件不得不提。12月10日，上海市高级人民法院副院长邹碧华法官突发心脏病不幸去世，享年仅47岁。这位“官阶”并不算高的法官逝世，赢得了整个律师界的尊重和哀悼。这让人看到中国“法律职业共同体”的共同价值观，让人们看到了中国法治的可能路径。他的突然离世是改革的不幸，却也让人看到中国司法改革被公众寄予了厚望。邹法官走了，中国的司法改革却还需要点灯者不怕“背黑锅”、任劳任怨、忠厚笃实地推进下去。

2014年的“纠错进行式”和洪波涌动的司法改革，让法治中国建设有了实质进展。改革之路道阻且长，期待未来有更多司法改革举措出台，不负公众期待。

彰显法治要敢于直面错案疑案

山东省高级人民法院介绍，按照最高人民法院指令，河北聂树斌案的复查正在进行。异地复查审理为扫除聂树斌案中的“雾霾”，打消公众疑虑、保证公正审判提供了更好的基础。

值得关注的是，在取得这一实质进展之前，聂树斌的家人已经持续申诉上访近10年。由此不难看出，对错案疑案纠错机制的“制度性”失灵必须进行反思。依法治国要求司法机关要勇于面对错案疑案，不能让公正迟到太久，更不能因为怕丑怕疼不敢揭伤疤。

纠正冤假疑案需要勇气。因为一旦“疑案”被证明是“错案”，往往意味着问责的开始。在某些地方，错案发生背后是“命案必破”的政绩冲动作祟。一些刑讯逼供、办案草率的人为因素难辞其咎。正因如此，一些人出于利益考量，千方百计让错案疑案难以得到纠正澄清。

> **精彩论述**
>
> 执法者必须忠实于法律。各级领导机关和领导干部要提高运用法治思维和法治方式的能力，努力以法治凝聚改革共识、规范发展行为、促进矛盾化解、保障社会和谐。要加强对执法活动的监督，坚决排除对执法活动的非法干预，坚决防止和克服地方保护主义和部门保护主义，坚决惩治腐败现象，做到有权必有责、用权受监督、违法必追究。

“一次不公正的判决，其恶果相当于10次犯罪”。利益与正义的天平面前，法治社会必须选择正义。面对冤假错案，无论涉及什么人，都应依法追责。这既是为了让迟来的正义少打折扣；也是要警示司法人员慎用手中的权力，任何违背法律、良知的行为，都将成为其终身梦魇，终会付出代价。

应当承认，纠正错案疑案的过程也是不断地抵达正义的过程。通过纠错，就是要让刑讯逼供和非法取证的源头得到预防；在诉讼过程中，当事人和其他诉讼参与人的知情权、辩护辩论权、申诉权等得到有效保障；在审判中，“罪刑法定”“疑罪从无”“非法证据排除”等基本法律原则得到忠实履行。当这些环节在纠错后得到完善，我们才能从制度上更好地避免冤假错案发生。

呼格案沉冤得雪，聂树斌疑案异地复查，让人感受到法治中国的决心。法律的权威来自人民的内心拥护和真诚信仰。树立对法治的信仰，就是要让人民群众在每一个司法案件中感受到公平正义。只有坚持对错案疑案纠错澄清，才能在更多公民心中树立起法律的权威和对法治的信仰。

13 最重要的法律刻在人心
——增强全民法治观念

建设中国特色社会主义法治体系，需要构建全民懂法、全民守法的良好社会氛围。要将法治教育纳入国民教育体系，从青少年抓起，在中小学设立法治知识课程。增强全民“办事依法，遇事找法，解决问题用法，化解矛盾靠法”的法治观念，让法治成为如衣食住行一般的生活习惯，成为思考问题和采取行动的下意识选择。

“最重要的法律刻在人心”
——中国力推“全民守法”落实依法治国

中共十八届四中全会描绘了构建“法治中国”新蓝图，提出要实现“全民守法”的目标，并把“增强全民法治观念，推进法治社会建设”作为全面推进依法治国的重大任务之一。专家认为，在党和政府的大力推动下，以四中全会为新起点，中国将摆脱一些外国人眼中“人治重于法治”的印象，加快形成全民守法、依法办事的社会氛围。

从制定出新中国第一部法律《婚姻法》到中国特色社会主义法律体系形成，中国总体上解决了有法可依的问题。“从法律数量和制定法律的广度来说，中国并不亚于同等发展水平的一些国家，甚至与一些发达国家相比也没那么差。”新加坡国立大学东亚研究所高级研究员郭良平说。

然而，法律要充分发挥作用，离不开信法、守法的深厚土壤，如果一个国家和社会没有法治信仰、法治精神，法治就会成为无源之水、无本之木。现在中国缺乏的是执行力，一个是政府的干预太多，还有一个是人情社会，来自关系网的干扰也很多。从法治建设来说，这些软件更加重要。

真正做到依法治国，党政官员必须要依法行事。山东大学社会学系教授王忠武认为，目前看首要解决的问题在于政府官员，关键是执政党、领导干部必须模范守法，这样才能带动全民。“政府系统、公务员要做好榜样，全民才能做到守法。”

精彩论述

全民守法，并做社会主义法治的“忠诚卫士”，就要牢固树立社会主义法治观念，增加社会主义法治意识，最终上升为永久的信仰。避免全民守法变成被动地“死守”，就要让法律成为他们的“守护神”、“主心骨”。为此，要做到五个方面：一要加强立法，杜绝法外之地，使法律体现人民意志，保障人民权益；二要加强普法，让人人都能知法、懂法；三要加强执法，以公正、严格的态度和方式维护法律权威，赢得人心；四要建设完备的法律服务体系，保证人民群众在需要时获得及时的法律援助；五要健全依法维权和化解纠纷机制，让人民群众善用法，解决好他们最关心最直接最现实的利益问题。

王忠武直言，贪污腐败是阻碍全民守法的现实原因。执法有腐败，权大压法摆平事情，将造成法律权威受到质疑，让一些人误认为信法不如信人。他说：“腐败会腐蚀法律的权威，造成法律权威性和不可替代性原则难以实现。”

对此，四中全会公报明确提出，法律的生命力在于实施，法律的权威也在于实施。各级政府必须坚持在党的领导下、在法治轨道上开展工作，加快建设职能科学、权责法定、执法严明、公开公正、廉洁高效、守法诚信的法治政府。公报还指出，各级领导干部要带头遵守法律，带头依法办事，不得违法行使权力，更不能以言代法、以权压法、徇私枉法。

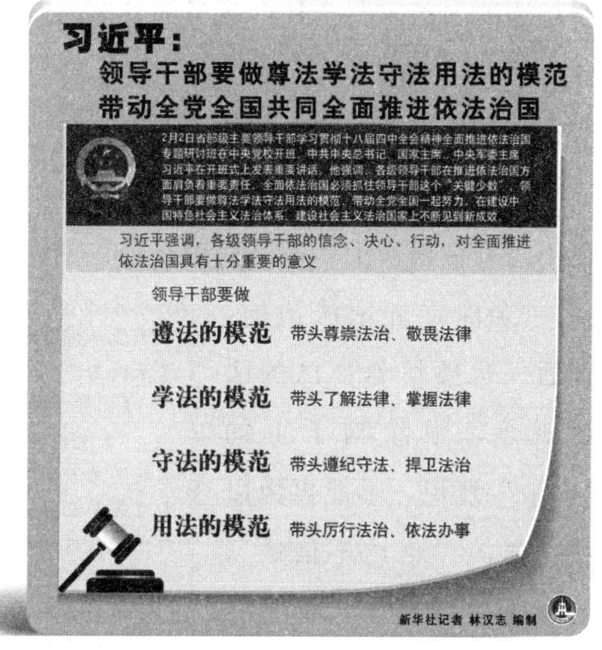

作为有悠久历史的国家，中国漫长的封建制度、家长制传统、人情观念也是法治观念不彰的重要原因。“在中国，‘人治’思想还有很深厚的土壤，出了事老百姓第一反应就是托关系找人。”国务院参事、中国民间文艺家协会主席冯骥才表示，面对这样的社会心态，依法治国面临很多困难。

在湖南长沙从事高端仪器销售的小胡对此深有体会。他说，法律法规的明规则是最好的，只有这样社会才有秩序。很多人对法律缺乏敬畏和尊重，遇事第一反应是找人、找关系。“现在是守法成本高，违法成本低、获利机会大。谁要是违法办成事了，不但不感到屈辱，反以之为荣，一些人甚至觉得死死遵守法律是很傻的价值观。”

通过生活中观察也可以发现，不少人自觉的法治意识不高：开车压双黄线、闯红灯屡见不鲜，如果碰到没有摄像头，有人就直接闯过去；高速公路应急车道超车本是不允许的，但这种现象也不少见，开车的人节省了时间，却带来交通隐患，影响公众利益。

法治中国需要全社会成员的共同参与。一个健康有序的法治社会，必须拥有具有较强法律意识、守法意识的现代公民，公民应有法律意识、规则意识，对自己的行为负责任。正如法国思想家卢梭所言：“一切法律中最重要的法律，既不是刻在大理石上，也不是刻在铜表上，而是铭刻在公民的内心里。”

“全面推进依法治国，普通人也要培养自己的法律观念，根除脑子里的‘人治’意识，不能再像以前一样，‘信访不信法’。要敢于使用法律，善于利用法律。”新华网网友“星娃”这样评论。

守法应从你我做起，那些生活中习以为常的违法行为，你在意了吗？

【乱穿马路】

“快走快走!”大人拉着孩子一路小跑，躲避不远处疾驰而来的车辆，这样的景象大家可能早已司空见惯。“聚齐一小撮人就走”的中国式过马路也广为人知，“无视红灯”成为国人这几年舆论讨伐的陋习。

作为公民，守法是每个人应尽的义务，根据《中华人民共和国道路交通安全法》的规定，行人通过路口或者横过道路，应当走人行横道或者过街设施；通过有交通信号灯的人行横道，应当按照交通信号灯指示通行。

可见乱穿马路不仅危及生命安全，在构建法治社会的进程中，它着实拖了后腿。

四中全会提出，法律的权威源自人民的内心拥护和真诚信仰。人民权益要靠法律保障，法律权威要靠人民维护。多位专家表示，“全民守法”是一项系统工程，只要每个公民都担负起法治的崇尚者、遵守者、捍卫者责任，“法治中国”

就一定能成为现实。

从信“访”到信“法”：中国特色的法治转型之路

江西宜春的卢某2014年春天在路上骑车时，被一辆横穿过来的小汽车撞飞。车主下来查看情况，忙不迭地赔礼道歉，言辞恳切地提出私了，“千万别报警，那样我不仅要被拘留，还会丢工作，求求你了!”

卢某平时就不喜欢找警察和打官司，一看这人又是认识的街坊，便不顾亲友的劝阻，答应了车主的要求，和他就住院和赔偿事宜达成了口头协议。

没想到，住院后要求赔偿时，肇事车主一改之前的恳切，变得无赖起来——“我没钱!”卢某顿时傻眼，但第一个冒出的念头还是“找人”。他打电话给在北京的儿子，希望儿子找人帮忙。

几经折腾，问题还是没解决。旁人都责备他：“口头协议算啥啊，当时报警啥事也没了。”儿子也劝他，现在报警还来得及，警察处理不了就打官司，赔偿一定得要。

在事情发生一个礼拜后，卢某最终还是报了警，并在儿子协助下，积极搜集证据，准备打官司。肇事车主自知责任难逃，在警方调解下，答应了卢某的赔偿要求。

这件事让卢某感慨颇深：“遇事不要怕，报警打官司，法律能保护咱。”

卢某的故事是不少中国民众法治观念的缩影。中国井冈山干部学院常务副院长梅黎明说，老百姓不喜欢打官司，一方面是

“人治”传统的影响，另一方面也是“法治”不彰的体现，“一些执法部门执法不到位、不公正，造成了百姓对执法部门的不信任”。

湖北佘祥林杀妻案、河南赵作海杀人案、浙江张氏叔侄强奸案……中国司法腐败、舞弊枉法以及冤假错案仍时有发生，无不侵蚀着司法权威和公信力。

井冈山市人民法院副院长李剑勇向记者抱怨说，中国是人情社会，总有人托关系请帮忙，法官审案时总受到种种干扰，为此他也感到苦恼。

不少中国民众仍然有这样的观念：“当官的一句话就能影响判决”“打官司太慢，不如上访来得快”……对此，接受记者采访的法律人士表示，只有铲除了以言代法、以权压法、徇私枉法的土壤，法律权威才能慢慢树立。

出台防范冤假错案制度规定，建立涉法涉诉信访依法终结制度，全面推进审判流程公开、裁判文书公开、执行信息公开三大平台建设，健全错案防止、纠正、责任追究机制……中共十八大以来，一系列司法体制机制改革举措相继推出，意在重塑司法权威和公信。

刚刚落下帷幕的中共十八届四中全会通过了《中共中央关于全面推进依法治国若干重大问题的决定》，强调“绝不允许任何人以任何借口任何形式以言代法、以权压法、徇私枉法”，提出建立领导干部干预司法活动、插手具体案件处理的记录、通报和责任追究制度，建立司法机关内部人员过问案件的记录制度和责任追究制度。

李剑勇说，决定对违反制度的行为列出了明确的惩治措施，对于行政官员和司法人员来说，这都是一种“威慑”和“震撼”，有利于法官秉公办案，提高法院的权威性和公信力。

精彩论述

法律的权威源自人民内心的拥护和真诚的信仰。因此，知晓并运用法律，这不仅是法官、律师们的工作，对于公民来说，口中、脑中的一句句法律条文，恰恰是增强法治观念的第一步。正如卢梭所言，“规章只不过是穹隆顶上的拱梁，而唯有慢慢诞生的风尚才最后构成那个穹隆顶上的不可动摇的拱心石”。也只有在将知法的“拱梁”搭起之后，我们才有资格去谈如何构成法治信仰的那块“拱心石”。

中共十八届四中全会还明确指出要“积极推行政府法律顾问制度”，“保证法律顾问在制定重大行政决策、推进依法行政中发挥积极作用”。

2011 年年初，位于中国中部的江西省奉新县正式聘请律师担任法律顾问。奉新县委书记张家良评价其几年来的效果时说，法律顾问在帮助政府依法行政、化解矛盾纠纷、提供法律服务、开展法制宣传等方面均发挥了作用，让法律落到了实处。

每当奉新出现重大矛盾纠纷，法律顾问都会第一时间到现场依法化解；领导接访时，邀请法律顾问到场，大量矛盾纠纷在法治轨道上实现定纷止争。3 年多来，法律顾问参与调处矛盾纠纷 837 件，调处成功率达 98.6%。

民众从耳闻目睹的事例中，也增强了对法律顾问的信任度，大部分人遇事不再采取违法行为向政府施压，而是第一时间求助法律顾问，选择法治方式维护合法权益。

数据显示，截至 2013 年，中国约有 23500 名律师受聘担任各级政府部门的法律顾问，占全国律师总数的 1/10 以上。四中全会召开后，随着各级机关积极推行法律顾问制度，法律顾问队伍还将不断增长。

与此同时，中国各地探索完善矛盾调解体系，创新矛盾调解机制，加强调解组织建设，化解了一大批矛盾纠纷。

河北省平山县2009年成立全省首家县级疑难纠纷调解中心，结合乡镇的疑难调解中心和村里的调解工作站，形成三位一体的调解网络，对于县里出现的重大纠纷，“会管、能管、能解决”。

平山县疑难纠纷调解中心主任杜文奎年近七十，他告诉记者，调解中心多数人是公检法退休人士，对于疑难纠纷，“大伙开动脑筋、集中研究、努力调解，目前已解决疑难纠纷143起。”

记者走访奉新县罗市镇和干洲镇，发现当地充分整合信访、综治、维稳、司法等资源，建立了一套矛盾纠纷化解一条龙服务机制。集中办公资源，对现场能调解的矛盾纠纷及时化解，不能现场化解的，引导走司法程序。

该县还依法完善了征地拆迁矛盾化解、医患纠纷预防调处、交通事故速调速裁、山林土地矿产等资源权属争议调解、非正常死亡处理等机制，推动矛盾化解走上制度化、规范化、法治化轨道。

与此配套，中国针对信访问题出台了一系列改革措施：实行诉讼与信访分离制度，建立涉法涉诉信访事项导入司法程序机制，严格落实依法按程序办理制度，建立涉法涉诉信访依法终结制度，健全国家司法救助制度。

梅黎明指出，对于涉诉的纠纷，法律部门要把自己的责任揽起来，而不是往外推。基层法庭应与信访部门联手，回到用法律解决社会矛盾这个正常的轨道上去。“其实，真正最后解决问题的还是执法部门。”

中央政法委有关负责人表示，随着各项工作逐步到位，信访民众依法按程序反映问题的意识逐步增强，涉法涉诉信访开始呈现“弃访转法”的良好势头，信访秩序不规范的问题也在逐步好转。

从信“访”到信“法”，是条艰难的转型之路。这个转变过程，与民众的法治意识、官员的权法观念、司法的权威公正以及制度的调整完善等息息相关。只有所有组织和个人都尊重法律权威、都在法律规范内活动，这条转型之路才算走上正轨。

守法应从你我做起，那些生活中习以为常的违法行为，你在意了吗？

【久未探望父母】忙，让很多人与家一直保持着距离，一边是年迈父母白天倚门相望，夜晚独守空巢；另一边是儿女异地奔忙、开创事业。随着人口加速老龄化，这样的“空巢”景象比比皆是。

新修订的《中华人民共和国老年人权益保障法》于 2013 年 7 月 1 日正式实施。“家庭成员应当关心老年人的精神需求，不得忽视、冷落老年人。与老年人分开居住的家庭成员，应当经常看望或者问候老年人。”

如果你已一年未曾与父母相见，你意识到自己已经违法了吗？这不单是道德劝告，更是依法治国背景下，身为守法公民应当具备的基本条件。

中国的法治转型之路，不是空喊口号，也不是边走边看。依法治国基本方略下，有着明确的改革目标和顶层设计，以及 180 多项实打实的重大改革举措。一切难题，只有在改革中才能破解；一切愿景，只有在实干中才能实现。

我是公民，为“权利的细节”发问

权利之问　　新华社发 商海春 作

权利法定。

有多少权利，在你不知不觉中被侵犯？又有多少权利，被你懵懵懂懂放弃了？

“‘大盖帽’可以随便扣押我身份证吗？”在网上，这个问题被问了一万多次。尽管2004年施行的居民身份证法早已规定：不能！却仍有许多人不知情。

公法领域“法无明令授权不可为”。了解公权力的“边界”，是保护我们自己权利的第一步。

依法治国的时代，人们越来越关心“权利的细节”。他们以“公民”的身份，为了自己的权利发问。

我问城管，为我那小小的货摊

32 岁的残疾青年小贩张平，想对城管发问：

“你们是否有权力没收我的东西？没收时是否要开条子？万一损坏了怎么办？”

张平幼时因事故失去了右腿，小小年纪就辍学离乡，以擦鞋、卖报纸为生。曾辗转多个城市的他，遇到过形形色色的城管队员。

“有的城管执法比较文明，遇事能耐心解释，”但也有人执法粗暴。曾有个执法人员命令他：报刊不许放地上，只能用手捧着卖。张平担心报纸被没收，只好双手抱着几十份报纸杂志，用仅有的一条腿站了很久。

城管究竟有没有权力没收东西？这个问题始终让他疑惑。

我们找来了执法者为他解答——上海市闵行区城市管理行政执法局执法大队新虹中队执法队员孔维明。

“以上海为例，查处占道设摊，主要依据《上海市市容环境卫生管理条例》，可以暂扣当事人经营兜售的物品和与违法行为有关的工具，无没收权。暂扣时要开具暂扣单。当事人接受处理后，城管执法部门应及时返还。”

孔维明为张平支招：如果物品损坏，当事人可以提出行政赔偿；而如果对暂扣物品有异议，可以提出行政复议或到法院进行行政诉讼。

“地区不同，规则可能不一。”重庆壹地律师事务所律师柯振强说，重庆 2010 年出台《市政管理检查行为规范》后，不准没收摊贩商品。

柯振强表示，支持张平的发问。摊贩的每一张报纸、每一枚水果上，都负载着法律赋予的义务和权利。

我问警察，为我神圣的证件

“什么样的人才可以拦住我，看我的证件?”

提问者熊国宾，一名来自江西的青年农民工。他每天的工作，是切割塑钢材料，将它们和玻璃组装成门窗。从北京到新疆，许多城市的房子里都安装着他的劳动成果。

他对证件的关注，是从暂住证开始的。“常能遇到有人查证件。特别是收容遣送办法没取消时，没暂住证被抓到就罚五十、一百，还被警告要遣送回家。”

当有伙伴从老家来，他总是晚上带朋友参观城市。“说是看夜景，其实更安全。”令他心存疑惑的是，要求查看他证件的人，并不主动出示证件。“究竟谁有资格查我的证？我可不可以先要求他亮证？我的身份证‘大盖帽’可不可以扣押?”

“任何组织或个人不得扣押居民身份证。”重庆渝中区公安分局法制支队支队长周庆说，除非是公安机关依照《刑事诉讼法》执行监视居住强制措施的情形。

他表示，依据《居民身份证法》，只有人民警察依法执行职务，在五种情形下，经出示执法证件，可以查验居民身份证。例如对有违法犯罪嫌疑的人员，需要查明身份的；依法实施现场管制时，需要查明有关人员身份时等。对于出示证件后的公安民警的合理合法要求要积极配合。

遇到不明身份的“神秘人”要查身份证？周庆说，第一要确定是不是民警：一是看警服，二是看警官证。如还有疑问，可到附近公安机关派出所或警务室核实。

律师柯振强则提醒，民警查验身份证的五种情形中，有一种是“法律规定需要查明身份的其他情形”，这里的“法律”可不是“红头文件”或地方性法规、条例，而应是全国人大及其常委会制定的规范性法律文件。

我问法官，为我“风能进、雨能进”的老屋

我的老房子如果被强制征收，我不接受补偿条款怎么办？会不会“买个菜回来”就被强拆了？

提问者徐品熙老人是新疆库车人。七年前他和妻子迁居外地，用大半辈子的积蓄买下一套老屋。房子有近三十年历史，颇为老旧。

近来，老房“要拆”的传闻不断，再加上一些关于强拆的负面新闻不时见诸报端，让老人对房子无比关心，恨不得天天在家守着。

他的问题，我们带给了重庆江北区法院副院长方剑磊。他表示，最高人民法院《关于办理申请人民法院强制执行国有土地上房屋征收补偿决定案件若干问题的规定》规定，征收补偿决定如存在七种情形，人民法院应裁定不准予执行。其中包括：“明显缺乏事实根据”“明显违反行政目的，严重损害公共利益”“严重违反法定程序或者正当程序”等。

此外，时间也是权益，要当心“坐等误期”。上海市律师协

会不动产征收业务研究委员会副主任马永健提醒，如果在法定期限内不申请行政复议或不提起行政诉讼，又在规定的时间内不搬迁，市、县政府是可以申请强制执行的。

需要注意的是，“上述期限都是从文书送达才开始计算的。即使你拒绝签收，征收方也应根据法律规定采取‘留置送达’。如果对方只是将文书往信箱或门缝中一塞，送达程序就存在问题，你就可向法院提出文书没有送达，不应强制执行。”马永健表示。

一味回避、暴力抗拒、坐等协商都不理智。守护老房，就要走出老房，依法维权。法律给的“武器”，不妨用得充分些。

我问交警，为我疑惑的罚单

“当女司机的雨刮忽然在晴天开动，小心她要转弯了”——人们这样调侃“不靠谱”的女性驾驶员。

上海市民顾月兰认为，再靠谱的司机，都难免无意违章。她最担心遇上“橡皮筋执法”：“交警有自由裁量权，依下限罚还是上限罚，到底谁说了算?”

内行人士支招：首先，为了避免一线执法人员滥用自由裁量权，一些地方已经在法定处罚标准范围内进一步具体确定处罚规定。了解这些具体规定，对维权有好处。

上海市公安局嘉定分局交警支队一中队交警曹华说，上海市对道路交通安全违法行为的处罚作了明确的规定。“执勤民警一旦在执法仪上输入违法条款代码，系统会自动生成处罚标准，如具体扣分和罚款数额，这些都是一线执法人员无法更改、系统统一设定的。”

那么其他地区呢？有20多年执法经验的江西南昌交警王刚说，以无证驾驶机动车为例，《道路交通安全法》规定罚款上限是2000元。南昌根据本地经济发展、群众收入水平等综合考虑，规定无证驾驶机动车罚款500元。

“人们的问号，反映了一定的现实情况。”行政法学专家、中国政法大学副校长马怀德说，执法不严谨、不规范甚至损害公民权益的事仍时有发生。

群众的每一个问题，都是一种期盼，更愿执法者的每一个回答，都是一次自律。程序上的正义和细节上的严谨，应当成为执法中的常态。

四中全会后，您的生活将有哪些改变？

良法善治，民之福祉。作为法治中国的“施工图”，长达17000字的《中共中央关于全面推进依法治国若干重大问题的决定》，将如何影响我们每个人的生活？

更严密充分的保护

【决定看点】

——财富得到更好保护

“健全以公平为核心原则的产权保护制度，加强对各种所有制经济组织和自然人财产权的保护。”

——蓝天碧水有望回归

“用严格的法律制度保护生态环境，加快建立有效约束开发行为和促进绿色发展、循环发展、低碳发展的生态文明法律制度，强化生产者环境保护的法律责任，大幅度提高违法成本。”

重拳治污　　新华社发　商海春　作

——公权力与私权利边界更清晰

“行政机关不得法外设定权力，没有法律法规依据不得作出减损公民、法人和其他组织合法权益或者增加其义务的决定。”

——保证司法公正

“改革法院案件受理制度，变立案审查制为立案登记制，对人民法院依法应该受理的案件，做到有案必立、有诉必理，保障当事人诉权。”

“加快建立失信被执行人信用监督、威慑和惩戒法律制度。

依法保障胜诉当事人及时实现权益。”

——健全依法维权和化解纠纷机制

“建立健全社会矛盾预警机制、利益表达机制、协商沟通机制、救济救助机制，畅通群众利益协调、权益保障法律渠道。”

“健全社会矛盾纠纷预防化解机制，完善调解、仲裁、行政裁决、行政复议、诉讼等有机衔接、相互协调的多元化纠纷解决机制。”

——让平安就在身边

“完善立体化社会治安防控体系。”

“依法严厉打击暴力恐怖、涉黑犯罪、邪教和黄赌毒等违法犯罪活动。”

“依法强化危害食品药品安全、影响安全生产、损害生态环境、破坏网络安全等重点问题治理。”

【专家点评】中国人民大学诉讼制度与司法改革研究中心副主任程雷：“法治，为社会注入安定之力。自身的合法权利得到保护和落实，是每一个公民最基本的需求。在社会主义

守法应从你我做起，那些生活中习以为常的违法行为，你在意了吗?

【占道、干扰休息的广场舞】

作为一项广受群众喜爱的健身运动，广场舞这几年从国内跳到国外，频频“跳”上头条。但针对音乐伴奏在居民区引起的噪声的抗议，也不绝于耳。即便广场舞爱好者偶尔转型“暴走”，也面临着“非法占道”的质疑。

《中华人民共和国环境噪声污染防治法》规定：“禁止任何单位、个人在城市市区噪声敏感建筑物集中区域内使用高音广播喇叭。在城市市区街道、广场、公园等公共场所组织娱乐、集会等活动，使用音响器材可能产生干扰周围生活环境的过大音量的，必须遵守当地公安机关的规定。”同时，《中华人民共和国道路交通安全法》也规定：“未经许可，任何单位和个人不得占用道路从事非交通活动。”

前不久江苏徐州广场舞大妈转型街头暴走，占用机动车道的行为，明显地违反了法律规定。不过，广场舞作为民间自发的一种健身行为，在公共场所的权利应当受到尊重，公权力进行管理应当立足于规范而不是禁止如何拿出满足双方要求的措施，值得思考。

法治国家中，人民群众希望人身权、财产权、基本政治权利等各项权利不受侵犯，盼望经济、文化、社会等各方面的权利得到尊重，公权与私权在各自的法定范围内行使。从全会决定具体的措施可以看到，党和国家依法保障公民权利，加快完善体现权利公平、机会公平、规则公平的法律制度的坚定决心。国家机关及其工作人员尊重和保障人权意识将会进一步增强，公民权利救济渠道将更加畅通。”

更完备便利的服务

【决定看点】

——加强和规范公共服务

“制定公共文化服务保障法，促进基本公共文化服务标准化、均等化。”

“完善教育、就业、收入分配、社会保障、医疗卫生、食品安全、扶贫、慈善、社会救助和妇女儿童、老年人、残疾人合法权益保护等方面的法律法规。”

——提供完备的法律服务

“对不服司法机关生效裁判、决定的申诉，逐步实行由律师代理制度。对聘不起律师的申诉人，纳入法律援助范围。”

“推进覆盖城乡居民的公共法律服务体系建设，加强民生领域法律服务。完善法律援助制度，扩大援助范围，健全司法救助体系，保证人民群众在遇到法律问题或者权利受到侵害时获得及时有效法律帮助。”

“发展律师、公证等法律服务业，统筹城乡、区域法律服务资源，发展涉外法律服务业。”

“支持行业协会商会类社会组织发挥行业自律和专业服务功能。”

——全面推进政务公开

涉及公民、法人或其他组织权利和义务的规范性文件，按照政府信息公开要求和程序予以公布。推行行政执法公示制度。推进政务公开信息化，加强互联网政务信息数据服务平台和便民服务平台建设。

【专家点评】清华大学公共管理学院教授于安：“全会决定把加强和规范公共服务提高很高的位置，是为了最大程度实现社会公正，创造良好的社会环境。比如提出‘坚持以公开为常态、不公开为例外原则’，将使政务公开的内容和范围都得到极大扩大。这是以法治提升政府公共服务的具体体现，也是党中央以极大的政治勇气，直面重大矛盾和问题作出的重要决策。推进法律服务体系建设，将为社会法治的实现创造一个基本条件，避免法律资源分布的不均衡，使每个人得到的法律服务更加充分。”

“一面批判一面钻” “圈子文化”绕身边
——揭秘生活中那些不寻常的“关系思维”

平时讥讽不正之风，自己办事时却忙着找关系，这是不少人的矛盾心态。“关系思维”为何如此流行，又该如何在推进依法治国的进程中加以破除呢？

警惕“关系思维”成社会顽疾

日常生活中的“攀交情”“打招呼”“托关系”现象可谓比比皆是，尤其是在升学、就业、医疗卫生等资源稀缺领域。

【教育】一位重点小学的校长向记者透露，在“小升初”取消考试之后，校长掌握着巨大的招生权力，“拉关系”送孩子进名校在不少地方几乎成了“明规则”，更是催生了“招生掮客”市场。一位“掮客”说，自己的“朋友圈”中需求最旺盛的事情就是“上名校”。

【就业】对于不少正处于求职季的大学生来说，除了每天奔波参加笔试面试外，“找关系”也是必不可少的功课。一位网友吐槽：“‘公平’是建立在没人找关系的基础上的，大伙儿都拼关系了，还谈啥公平?!”

【就医】家人生病住院需要做手术，要不要给医生送红包?“我周围大多数医生其实不想收红包，但如果我们不收的话，患者反而会有意见。遇到这种情况，我们也很无奈，只能先把红包收下上交，让病人花钱买心安，等手术完成再由医院还给患者家属。”福建某三甲医院一位医生告诉记者。

“关系思维”的根源在哪里?

“我们骂师德‘世风日下’，却自己带头给老师送礼，还生怕送少了老师不高兴；我们讥讽社会上的不正之风，自己遇到事儿却第一时间忙着找关系，仿佛关系够‘硬’就啥都不是事儿。”网友之言发人深思。

捷足先登　　新华社发　朱慧卿　作

一些人的“关系思维”为何总是跑在“法治思维”前边？多位法学、社会学专家认为，这一怪象缘于中国以家庭为本位的传统伦理道德观念，社会转型期下尚不健全的资源配置体制机制，以及相应监管缺位、滞后等因素。

中国社会历来比较重视人情关系，形成了以亲缘关系为根本、业缘关系和地缘关系为支撑的三大关系网络。华中科技大学社会系副教授刘成斌说，这三大关系网络错综复杂、相互交叉，是产生“关系思维”的重要原因。

中央党校社会学教研室教授吴忠民则认为，当下不完善的社会制度是滋生“关系思维”的一大温床。“归根结底而言，是我们还没有建立起一个完全公平、正义、合理的社会制度。以我们现在盛行的‘圈子文化’为例，它是相对封闭的，并且排斥圈外的人。外面的人要想进入这个圈子，就必须要把‘关系’当作‘敲门砖’，付出一定的‘代价’才能获取圈内的相关稀缺资源。”

精彩论述

健全普法宣传教育机制，需要各级党委和政府加强领导，不能因为时效长、见效慢便等闲视之。宣传、文化、教育部门和人民团体则要在普法教育中发挥职能作用，通过法律工作者的努力以及普法讲师团、普法志愿者队伍建设，用多种形式、新媒体手段去教育人，真正将法治教育融入社会前行的步伐，切实提高普法的实效。

守法应从你我做起，那些生活中习以为常的违法行为，你在意了吗？

【使用盗版软件】我们的生活离不开电脑，但是很多电脑中的软件并非正版，这一很多人习以为常的现象，并不合法。

《计算机软件保护条件》规定：“软件的复制品持有人不知道也没有合理理由应当知道该软件是侵权复制品的，不承担赔偿责任；但是，应当停止使用、销毁该侵权复制品。如果停止使用并销毁该侵权复制品将给复制品使用人造成重大损失的，复制品使用人可以在向软件著作权人支付合理费用后继续使用。”

这样的规定也许很多人并不知道，也从未执行，可是如何在昂贵的正版软件面前守法，使用者应当思考，管理者更应当思考。随着知识产权越来越受到保护，当心你成为下一个被法律问责的对象。

福建社会法学会会长汤黎虹说，人们倾向于争取那些最稀缺的资源。当前权力的行使对资源分配往往具有很大的“自由量裁权”，加之监督缺位，这必然会催生权力交换、利益输送现象。

“权力进笼”方能破“关系思维”

专家普遍认为，“关系思维”催生了种种“潜规则”，败坏党风政风，还是催生腐败现象的“温床”。破除“关系思维”顽疾，需要从顶层制度设计层面加强管控监督，确保把涉及到公共利益、掌握公共资源分配的公权力关进制度的笼子里，让其按照法治的轨道运转。

刘成斌表示，只有不断健全和完善制度，形成一套程序化、公正化、透明化、公开化的社会运作机制，才能彻底根除“关系思维”，营造一种良性竞争的社会氛围，充分保障社会公平和正义。

“如果权力得不到有效的监督，不按法律法规办事的成本太低，越来越多人会倾向于走关系解决问题。”汤黎虹说。

“不知者不罪?”

——盘点那些被误读或“不合法”的日常用语

十八届四中全会后，全面推进依法治国将成为全社会关注的议题。日常生活中，一些人们耳熟能详的用词遭误读，有些在法理上并不符合法治精神。我们试盘点若干类似词语，提醒人们对传统取其精华、去其糟粕，做一个懂法、守法的现代公民。

礼不下庶人，刑不上大夫

这句出自《礼记》的古语，直到如今仍被认为是法律面前并不平等的体现。实际上，这句话是重“礼”的表现。此“刑”是指有辱人格或尊严的刑罚，如肉刑。执行类似刑法时，为给人存几分体面，而对犯罪的“大夫”们待之以礼：他们不会受到公然的“刑”，但会被悄悄处分如赐死，而平民百姓则会游街示众或当众处死。

古往今来，无数王公大臣被处死，也直接否定了现今语义中的“刑不上大夫”。当然，有区别的执行刑罚，也是法律不平等的表现。

古代王公贵族违法时，确实享有法律适用上的特权，从西周的“八辟”到唐代的“八议”，都表明皇帝的亲朋故旧或高官显贵犯罪时，会遵循特殊的处罚规则、程序等——“八议之人犯死罪，皆先奏请，议其所犯”。

或许正因为这种刑罚上的不平等，古代戏曲或口口相传的民间故事，频繁提到“王子犯法与庶民同罪”，表达了老百姓渴求公平公正的朴素思想。

值得一提的是，古代也有倡导法律面前无特权的思想。如战国时法家代表人物韩非子提出“法不阿贵”“刑过不避大臣”，就传达出捍卫法律公正、法律面前人人平等的理念。

随着社会进步，法律面前无特权成为共识。当前，反腐坚持“老虎”“苍蝇”一起打，“老虎”频频落马。这也打破了“刑不上大夫”的说法，表明反腐无特例、无特权、无例外。

以眼还眼，以牙还牙

“以眼还眼，以牙还牙”，简言之就是“杀人偿命”，是一种朴素的报复思想、复仇心理。中国人讲因果报应，此话表达了个体的期望。现代法治中的刑法，讲究罪刑相适应：犯罪应当受刑罚处罚，但刑罚轻重应与“犯罪的危害程度及犯罪分子刑事责任”的轻重相适应。这一切都有法律规定，所以“以眼还眼”是不符合刑法规定的，不应提倡，更况且“冤冤相报何时了”。要知道不管是“还眼”还是“还牙”，均可能触犯法律。

在现代法治理念下，“以眼还眼”有了新内涵——“以金钱还眼”。比如，一起故意伤害案中，被告人认罪、悔罪，并对被害人积极赔偿。这一行为可依法作为酌定量刑情节予以考虑，若取得被害人及家属的谅解，则可从轻处罚。在附带民事诉讼中，若双方自愿达成和解协议，附带民事诉讼原告人可谅解被告人，并撤回起诉。

宁可错杀一千，不可放过一个

这句话反映了一种懒惰思维，常见于影视剧中充作恼羞成怒的狠话。普通人听到这句话，估计要起一身鸡皮疙瘩的。这种滥杀无辜的做法，必会制造许多冤假错案。而现代法治倡导罪刑法定、疑罪从无，“宁可错杀一千”的思维万万不能有。

另外，在刑事诉讼中，“存疑时有利于被告”是条原则，但这只适用于事实认定，而不适用于法律解释，也就是说：保持中立的法官不能擅自选择对被告人有利的法律解释，而应按照法律高于一切的规定解释法律。

不知者不罪

“不知者不罪”很常见，多用于表现人们心胸宽广，在人际交往中可以哈哈一笑而过。不过，“不知法”就不需要追究法律责任吗？

现代法律是通过长期实践、反复探讨拟定的，符合多数人价值观和认识。任何有责任能力的现代人均应知道法律。现实中，为了公共利益、法律的有效实施，“不知法”不免责。

试想在法庭上，如果有被告人以“不知法”抗辩，恐怕会换来满堂哄笑，显然也不能因此脱罪。再如，某地有大量贪腐被查，即使主要官员表示“不知情”，严格的党纪国法也不会放过他们。

不过，有些犯罪构成要求有“犯罪故意”，如诽谤罪就要求“故意捏造事实损害他人人格和名誉”。

14 敬畏与信仰
——聚焦国家宪法日

宪法是国家的根本法，是治国安邦的总章程，具有最高的法律地位、法律权威、法律效力。全面贯彻实施宪法，是全面推进依法治国、建设社会主义法治国家的首要任务和基础性工作。设立国家宪法日，在全社会普遍开展宪法宣传教育，大力宣传宪法所确立的国家根本制度、根本任务、基本原则、活动准则，大力弘扬宪法精神，将有助于教育引导各级组织和全体公民牢固树立宪法意识、增强宪法观念，自觉履行维护宪法尊严、保障宪法实施的职责。

中国迎来首个国家宪法日

“被告人安然，向法庭报告你有无别名、出生日期、民族……”4日上午，吉林省长春市朝阳实验小学四年级九班的学生正在认真地上一堂法治公开课，以此迎接中国首个国家宪法日。

“法庭”上，扮演法官的学生身着法官袍正襟危坐，原告、被告、辩护人、公诉人等认真履行职责，台下同学们仔细观摩。当天，这所学校的许多班级都在进行以宪法和法治为主要内容的教育活动。

中共十八届四中全会通过的《中共中央关于全面推进依法治国若干重大问题的决定》提出，将每年 12 月 4 日定为国家宪法日。十二届全国人大常委会第十一次会议表决通过决定，将 12 月 4 日设立为国家宪法日。

为迎接首个国家宪法日，中国连日来举办了包括座谈会、宪法讲座、宪法宣讲、中小学晨读宪法等在内的多项活动。多地法院还举办“社会公众开放日”活动，以公开、亲和的面孔，改写以往在民众心中的刻板印象。

“深入开展宪法宣传教育　大力弘扬宪法精神”座谈会 2014 年 12 月 3 日在京举行。参与讨论的国家行政学院法学部教授胡建淼说，座谈会气氛热烈，从中他深刻感受到了中央对依宪治国的高度重视。

“宪法是国家的根本大法，只有对宪法重视了，才会尊重法治。”他说，相信通过国家宪法日的宣传，中国会涌现一股学习宪法、普及宪法的热潮，将法律条文转为实实在在的行为和实践。

在首个国家宪法日到来之际，中共中央总书记、国家主席、中央军委主席习近平作出重要指示。他强调，坚持依法治国首先要坚持依宪治国，坚持依法执政首先要坚持依宪执政。

国家行政学院教授汪玉凯说，习近平同志的重要指示，进一步强调和凸显了宪法在中国政治生活中的重要地位。人们对于宪法的地位、权威和效力，也因此有了更加清楚和深刻的认识。

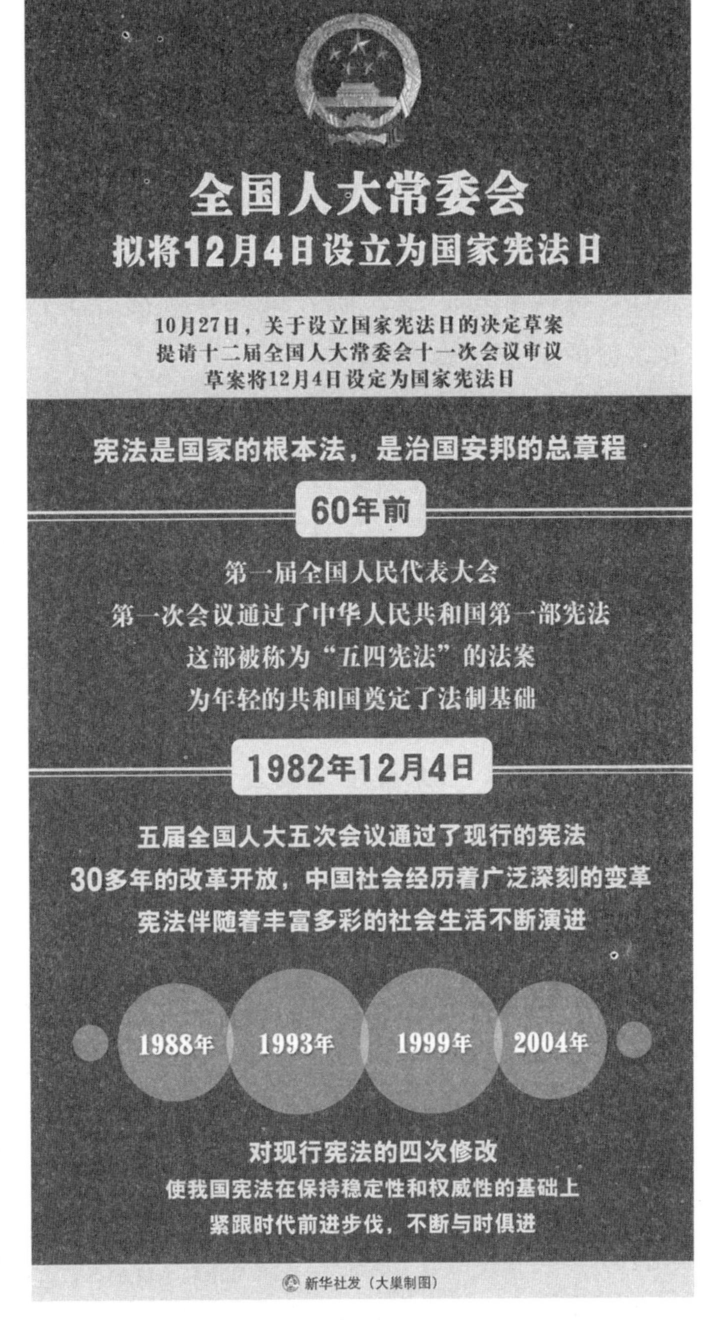

4日当天，中国各地密集开展多项宪法宣传教育活动，旨在通过仪式或寓教于乐的活动，提升宪法在全社会的尊严与威信，加强民众的宪法意识，以推动“依法治国”在中国的实践。

最高人民法院当日举办“让法治成为信仰”主题宣传暨公众开放日活动，并公布了关于进一步做好司法便民利民工作的意见，满足信息化时代民众的多元化司法需求。

“国家宪法日一年只有一天，但对宪法的宣扬要落实在每一天。”刚参加完宪法宣讲活动的山西晋中市一名年轻法官说，“这个日子将提醒每一个公职人员尤其是法务工作者，必须依宪办事，维护宪法权威。”

清华大学法学院教授林来梵说，宪法日设立的意义就在于，通过每年一度的纪念日，以及纪念日当天举行的各种活动，让宪法从文本走入生活、融入社会，成为人民手中真正的“法宝”。

一部根据真实案件改编的电影《黄克功案件》日前在人民大会堂首映，数百位红军后代看了影片。黄克功是16岁随毛泽东上井冈山的红军将领，在1937年全面抗战之际，因逼婚不成枪杀女学生刘茜，后来在延安被公开审判枪决。

电影直面这一尘封多年的史实，刻画了中国共产党如何一步步通过对自身权力的主动限制以及对人民权利的积极解放，努力实现法治的故事。影片所反映的主题，也是当代中国和已有90多年历史的中共依然在努力的目标——“依法治国”。

中共十八届四中全会作出全面推进依法治国重大战略决策，依宪治国得到前所未有的强调。“对于今日之中国，国家宪法日的设立是一次意义非凡的

精彩论述

宪法是国家的根本大法，在依法治国、依宪治国的法治环境下，官员敬畏之心的培养，首先要从敬畏宪法开始，只有做到敬畏宪法，才能敬畏法律、敬畏权力、敬畏人民。只有做到上述敬畏，才能做到立党为公，执政为民，才不至于走向贪腐之路。

进步。”中国政法大学副校长李树忠说。

目前，中国现行宪法已历经4次修改，共有31条修正案，自1982年以来伴随改革开放30多年，不断注入新的内容和精神，具有强大的包容性。

习近平指出，要以设立国家宪法日为契机，深入开展宪法宣传教育，大力弘扬宪法精神，切实增强宪法意识，推动全面贯彻实施宪法，更好发挥宪法在全面建成小康社会、全面深化改革、全面推进依法治国中的重大作用。

李树忠表示，现行宪法对深化改革的重大意义，在于它的包容开放精神，这将为改革提供强大理论支撑，并进一步满足深化改革的需要。

宪法的权威来自何处？
——点击宪法四大关键词

12月4日，我国迎来第一个国家宪法日。在党的十八届四中全会作出全面推进依法治国重大战略决策的今天，以这样一种特殊的形式凸显宪法的崇高地位，具有现实而深远的意义。

“法律的生命力在于实施，法律的权威也在于实施。”作为国家的根本法、治国安邦的总章程，宪法更是如此。然而，现实中“违法可怕、违宪不可怕”“宪法是闲法”等观念并不鲜见，以权代法、以权压法、徇私枉法等违反宪法法律的现象时有发生。人民期盼，以国家宪法日为新的起点，全面贯彻实施宪法，切实维护宪法权威。

宪法修改：最为严格的修法程序

党的十八届四中全会决定提出："党中央向全国人大提出宪法修改建议，依照宪法规定的程序进行宪法修改"。

"宪法规定的程序"是什么样的？

宪法第六十四条规定：宪法的修改，由全国人民代表大会常务委员会或者五分之一以上的全国人民代表大会代表提议，并由全国人民代表大会以全体代表的三分之二以上的多数通过。

"宪法之外，由全国人民代表大会审议的法律和其他议案，则以全体代表的过半数通过。"北京大学法学院教授、中国宪法学研究会副会长王磊介绍，可见宪法修改审议要求更高更严。

在提议宪法修改的主体方面规定得最为严格。王磊说："根据宪法，提议宪法修改的有两个主体，全国人大常委会或者五分之一以上的全国人大代表。"

那么，如何理解"党中央向全国人大提出宪法修改建议"与"由全国人民代表大会常务委员会或者五分之一以上的全国人民代表大会代表提议"之间的关系？

北京大学法学院副院长王锡锌、最高人民检察院检察理论研究所研究员但伟表示，宪法修改有建议程序和启动

专家观点

宪法是党领导人民制定的，承载着人民对美好生活的向往和社会的价值共识。宪法来源于人民，保障人民的基本权利。党的十八届四中全会提出设立国家宪法日，这本身就是提高公民宪法意识尤其是领导干部宪法意识的一个具体举措。应当在全社会进一步开展宪法宣传和教育，普及宪法知识，弘扬宪法精神，树立宪法权威，切实保障宪法的全面实施。

——中国人民大学法学院院长、中国宪法学研究会会长　韩大元

程序。任何公民、组织都可以提出修改宪法的建议，中共中央当然可以提出修改宪法的建议。提出修宪建议并不意味着启动宪法修改程序。作为立法主体，全国人民代表大会行使修改宪法的职权，依照宪法规定的程序进行宪法修改。

备案审查：一切法律法规都不得同宪法相抵触

党的十八届四中全会决定提出："加强备案审查制度和能力建设，把所有规范性文件纳入备案审查范围，依法撤销和纠正违宪违法的规范性文件，禁止地方制发带有立法性质的文件。"

多位专家认为，这充分彰显了法治精神，完全契合宪法中"一切法律、行政法规和地方性法规都不得同宪法相抵触"的规定。

"备案审查是保证宪法实施的重要制度，加强备案审查工作是加强宪法实施的一个重要抓手。"全国人大常委会法制工作委员会主任李适时说。法制统一是宪法规定的社会主义法制的重大原则，任何法律、法规及其他规范性文件都不得同宪法相抵触，下位法不得与上位法相抵触。

现实生活中，人们经常看到具体执行行为对法律法规的歪曲，但很少关注到一些地方性法规、地方政府规章、国务院部门规章对法律法规的歪曲。国务院法制办有关负责人认为，后者对国家法制统一和权威的危害性更大。

李适时表示，下一步工作中将完善备案审查制度，健全备案审查工作机制，积极开展主动审查，加强各有关机构和部门沟通协调，建立备案审查联动机制，形成工作合力，增强备案审查实效；畅通社会组织和公民提出审查建议渠道，积极回应审查建议。还将推动建立健全县级以上地方人大常委会备案审查工作机构，充实备案审查干部队伍，提升备案审查能力。

当前，地方各级政府已经普遍建立了规范性文件备案审查制度，对政府和部门发布的“红头文件”进行监督，初步建立起了地方“四级政府、三级备案”的监督体系。

国务院法制办副主任袁曙宏介绍，国务院法制办将提前研究在依法赋予设区的市立法权后，新增大量设区的市的地方性法规和地方政府规章备案审查工作问题。

宪法监督：最重要的“制度的笼子”

党的十八届四中全会决定提出，“完善全国人大及其常委会宪法监督制度，健全宪法解释程序机制。”

中国人民大学法学院教授张翔认为，宪法规定的全国人大及其常委会监督宪法实施的职权，应该说还没有被激活。因此，四中全会决定提出这一点，抓住了推进依法治国的关键，为未来推进依法治国、依宪治国设立了具体目标。

按照宪法规定，我国目前采取的是由国家最高权力机关进行宪法监督的制度，即全国人大及其常委会监督宪法的实施。

“对于官员而言，宪法监督和宪法解释制度的重要功能在于，明确他们所掌握的国家权力的边界，明确‘我能不能行使这项权力’‘这项权力到底是这个机关的还是那个机关的’等。”张翔说，宪法监督本质上是对国家公权力进行的监督。要把权力关进制度的笼子里，宪法监督就是最重要的“制度的笼子”。

王锡锌表示，宪法监督制度要以现实的法治背景、环境、条件与实践为基础，分期分步骤稳步推进。要进一步明确全国人大及其常委会进行宪法监督的对象、范围、方式等，将原则性要求具体化、程序化。

“可以考虑设立宪法监督的专门机构，整合并加强监督工作队伍，明确职权及程序机制和保障机制。”中国政法大学法学院副院长焦洪昌建议。

宪法宣誓：权力属于人民，权力服从宪法

党的十八届四中全会决定提出，“建立宪法宣誓制度，凡经人大及其常委会选举或者决定任命的国家工作人员正式就职时公开向宪法宣誓。”

专家建议，宪法宣誓制度作为一项国家层面的重要制度，涉及的宣誓主体、具体程序、誓词内容和宣誓方式等，都要经过缜密的设计，形成统一的规范；宣誓制度的具体办法应提请全国人民代表大会审议通过，以彰显权威性、严肃性。

中国人民大学法学院院长、中国宪法学研究会会长韩大元表示，在社会主义法律体系中，宪法具有最高的法律地位，法治首先是“宪法之治”，“普法”的核心首先在于“普宪”。

专家观点

宪法的实施不只是一套技术，更是一种价值和理念。通过宪法的实施，要构建一种公共生活，让人们在日常生活中切身感受宪法的实际意义，能够在宪法的阳光下获得尊严的、体面的生活。

——中国人民大学法学院院长、中国宪法学研究会会长　韩大元

“目前，公务员特别是一些领导干部的宪法理念脆弱、宪法

意识淡薄，在关系国家核心价值观与利益问题上缺乏宪法自信，导致社会价值观混乱、宪法权威受损害，社会上不按照宪法办事的现象大量存在。”韩大元说。

多位专家认为，宪法宣誓通过具体仪式营造出庄严感，让国家工作人员产生对宪法的敬畏感，让宪法思维内化于所有国家公职人员心中，牢记“权力属于人民，权力服从宪法”。公职人员只有为人民服务的义务，没有凌驾于人民之上的特权。

让宪法精神在我们心中不断成长

——写在首个国家宪法日之际

伴随着法治中国建设开启新的征程，我们迎来首个国家宪法日。设立国家宪法日，是推进宪法宣传教育、弘扬宪法精神、加强宪法实施的重要举措，也是增强法治观念、弘扬法治精神、夯实法治基础的有效途径。以这样一种特殊的形式凸显宪法的崇高地位，对全面推进依法治国，具有十分重大而深远的意义。

把宪法通过日作为国家宪法日是国际通行做法，有助于提高公民对宪法的关注度和认知度，有利于增强全社会的宪法意识和国家观念。从 32 年前的现行宪法通过日，到 13 年前的全国法制宣传日，再到今天的国家宪法日，12 月 4 日承载着一个国家和民族对于法治的执着追求，见证了改革开放以来我国法治建设取得的发展进步。30 多年来，我国宪法作为国家根本大法有效维护党的领导，有力保障人民当家做主，不断夯实依法治国基础，充分发挥治国安邦总章程的重要作用，成为支撑中国特色社会主义事业的稳固法治基座。

扎 根　　新华社发 徐骏 作

“奉法者强则国强，奉法者弱则国弱”。法治是人类文明进步的重要成果，是治国理政的基本方式。从人治到法治，是国家治理水平提升的突出标志；全面推进依法治国，是实现国家治理现代化的必由之路。当今世界，凡成功迈入现代化行列的国家都把法治作为国家治理的基石。吸收借鉴古今中外一切有益法治经验，形成既适合我国国情、符合人民意愿，又体现法治精神、顺应时代潮流的法治体系，才能为国家振兴、民族复兴、人民幸福提供有力法治保障。

“建设中国特色社会主义法治体系，建设社会主义法治国家”的全面推进依法治国总目标，集中体现了推进国家治理体系和治理能力现代化的必然要求，标志着我们党对运用法治治理国家规律的认识达到新的水平，贯彻依法治国基本方略的实践抵达新的境界。党的十八届四中全会作出“完善以宪法为核心的中国特色社会主义法律体系，加强宪法实施”具体部署，强调“坚持依法治国首先要坚持依宪治国，坚持依法执政首先要坚持依宪执政”，进一步明确了宪法在建设法治中国战略格局中的核心位置，为全面推进依法治国提供了重要遵循。以国家宪法日为契机，推动宪法宣传教育走进课堂、走进社会，把宪法精神融入国民素质提升和核心价值观培育，使宪法实施获得更为广泛的社会关注与支持，就能让宪法深入贯彻到国家政治生活和社会活动的各个层面，凝聚起依法治国的强大力量。

宪法是党领导人民制定的，是党的主张和人民意志的高度统一，是实现坚持党的领导、人民当家做主、依法治国有机统一的根本依据。只有以宪法为遵循，才能维护党和人民的共同意志，捍卫国家和人民的根本利益，使全面推进依法治国始终坚持中国特色社会主义法治正确道路；只有以宪法为准绳，才能建设完备的法律规范体系、高效的法治实施体系、严密的法治监督体系、有力的法治保障体系和完善的党内法规体系，不断提高国家治理体系和治理能力现代化水平。

“天下之事，不难于立法，而难于法之必行。”宪法的生命在于实施，宪法的权威也在于实施。当前，严格遵守、执行法律特别

专家观点

现在大家都在讨论对宪法的信仰。我认为，一是要把立法法等现有的制度规定用足用好，二是要调动老百姓的积极性，让大家都参与进来，从宪法实施过程中尝到甜头，自然而然就能形成对宪法的信仰。

——清华大学法学院教授　林来梵

是维护宪法权威的意识亟待加强，制度有待完善。党的十八届三中全会提出，要进一步健全宪法实施监督机制和程序，把实施宪法要求提高到一个新水平。四中全会决定进一步提出，完善全国人大及其常委会宪法监督制度，健全宪法解释程序机制；加强备案审查制度和能力建设，依法撤销和纠正违宪违法的规范性文件；建立宪法宣誓制度。把这些重大决策部署不折不扣落到实处，定能使宪法之基愈加巩固，宪法之威牢固树立，宪法之效不断彰显，早日实现建设法治中国的宏伟目标。

“法律必须被信仰，否则它将形同虚设。”在全社会普遍开展宪法教育，让宪法精神植根心底，法治信仰蓬勃生长，化作每个公民尊法守法的自觉行动，汇成亿万人民依法治国的深沉动力，载着民族复兴梦想的“中国号”列车，必将沿着中国特色社会主义法治轨道驶向更加美好明天。

国家宪法日：让宪法从文本走入生活、融入社会

在中国西南部贵州省台江县，苗族姑娘张玲打算参加省里举办的少数民族法治山歌比赛，庆祝第一个国家宪法日。

“法制宣传进苗寨，苗家人民齐奋进，法律法规作保障，家家户户百业兴。宪法确保公民权，当家做主掌权利，依法治国社会稳，民富国强奔小康……”

这是台江县参赛曲目《法制山歌进苗寨》的歌词，作为演唱者之一的张玲介绍，这首歌根据苗族古歌旋律而创作，描写了以

2014 年 12 月 2 日，在四川省华蓥市高兴镇的集市上，参加“宪法宣传赶场”活动的青年志愿者向赶场的群众宣讲宪法知识。12 月 4 日是我国首个国家宪法日，各地举行多种活动宣讲宪法知识、弘扬宪法精神。**(新华社发　邱海鹰　摄)**

宪法为基础的各项法律宣传进入苗寨后，苗家人民生活发生的巨大变化。

“过去，两个村寨的村民经常会为争一棵树、一块地打起来。了解宪法后，人们学会用法律保护个人财产。”她说。

张玲是台江县民族中学的一名音乐教师。“台江县参赛的表演队伍多达 60 人，歌曲融入了苗族山歌演唱、说唱，苗族舞蹈、木鼓、芦笙等艺术形式，更贴近民生。”张玲说。

> **专家观点**
>
> 全社会营造、树立法制权威，弘扬法治精神，这是一个长远的工程，要从教育、文化宣传、法治宣传、普法等多种角度着手。
>
> **——中国政法大学副校长、法治政府研究院院长　马怀德**

2014 年 11 月 1 日，第十二届全国人民代表大会常务委员会第十一次会议决定将12月4日设立为国家宪法日，在全社会开展宪法宣传教育活动。

“设立‘国家宪法日’是法律界由来已久的呼声，”中国政法大学宪法学教授廉希圣说，“依法治国首先要依宪治国。而要做到依宪治国首先要让人民懂得什么是宪法，国家宪法日正好是契机。”

清华大学法学院教授林来梵说，很多人对宪法的认识仅仅是文本的理解“国家根本大法”，设立国家宪法日正是让宪法从文本走入生活、融入社会，成为人民手中的法宝。

各地司法部门举办多种活动迎接国家宪法日。北京朝阳法院推出“骗局面面观”系列访谈，特邀刑事法官讲述真实案例，教人们如何识破骗局。舟山市定海区司法局在“新浪微博”上发起“参加网络普法有奖知识竞赛赢取50元话费”的活动。

全国多地法院举办“公众开放日”活动。北京东城法院新闻办公室主任姜在斌说，截止到12月1日已有70多人报名“公众开放日”，我们将在宪法日当天领他们参观法院，观看法治微电影，参加新任法官向宪法宣誓仪式，与法官交流互动。

“拉近宪法和老百姓的距离，一方面要通过老百姓喜闻乐见的普法形式，”廉希圣说，“另一方面，要把宪法教育纳入国民教育的全过程。”

教育部此前规定，中小学要组织开展宪法晨读活动，还鼓励将宪法知识纳入中考的测试范围。

12月1日清晨的升旗仪式对山东省青岛第三十一中学的学生来说多了一项特别的内容——教授“思想品德”的老师许珂明

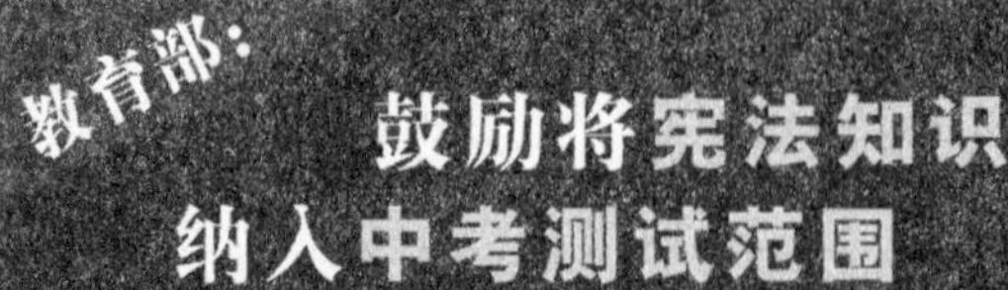

教育部官方网站11月26日显示
教育部日前下发通知，要求各级教育行政部门和各级各类学校要加强宪法教育体系建设，**形成宪法教育的长效机制**

教育部表示

进一步整合　中小学课程已包含的**宪法知识内容**

结合　**法治知识课程设置**

研究制定　开展宪法教育的**基本要求**

形成　**科学的**教学安排；**常态化的**教育机制

开展　**网上宪法教育活动**

组织专家　**编写、审定**中小学宪法教育读本

探索建立　宪法教育效果的**考核与评估机制**

12月4日国家宪法日当天

各级教育行政部门和各级各类学校
应开展宪法晨读
特别升国旗仪式等活动

校长要主持
一次教职工宪法学习活动
或者为学生讲授一次宪法教育课

鼓励有条件的地方

- 明确中小学宪法教育的专门学时
- 将宪法知识纳入中考的测试范围
- 向中小学配发宪法教育读本和宪法宣传挂图、资料

新华社发（大巢制图）

在仪式上讲授了宪法知识。

“很多中学生都觉得宪法是国家层面的，离自己生活很远，”许珂明说，“其实，宪法和他们息息相关，比如，他们正在接受的初等义务教育就是宪法规定的”。

“学校将在宪法日纪念周组织主题班会、法律讲堂等活动”，该校校长杨天世说，“法治教育不是灌输知识而是培育法治理念，要通过生动的案例、互动问答的方式启发学生对宪法的兴趣。”

不仅要让宪法走进歌曲、走进学校、走进生活，更重要的是健全宪法实施和监督制度，激活宪法的功能，加快建设社会主义法治国家，廉希圣说。

林来梵说，设立国家宪法日与其说是制度建设，不如说是文化建设。让人民充分相信宪法、主动运用宪法，成为宪法的忠实崇尚者、自觉遵守者和坚定捍卫者，最终社会将形成一种宪法文化。

后　记

本书是在新华社播发的系列稿件和评论的基础上编辑而成，是广大干部群众学习了解依法治国新举措的重要参考读物，也是广大公务员考生提升申论写作能力的必要学习材料。为方便读者阅读，在尊重事实的前提下，我们对部分稿件的标题和正文做了必要的修改。

在本书付梓之际，特向以下作者致谢！他们是：晏扬、安蓓、白阳、白旭、陈晨、崔峰、陈弘毅、蔡敏、崔清新、程子龙、樊宇、方栋、甘泉、郭奔胜、何雨欣、华春雨、傅勇涛、房宁、姜俏梅、孙闻、方列、闫祥岭、张晓松、孙铁翔、南辰、韩洁、席敏、齐中熙、刘欢、吕梦琦、辛林霞、舒圣祥、吴昊、黄豁、杨金志、胡靖国、于嘉、罗宇凡、罗沙、刘金辉、刘宝森、闫起磊、裴闯、郝方甲、史卫燕、史林静、沈洋、沈彬、黄安琪、吕福明、吴书光、李云路、熊琳、涂铭、杨春雪、易艳刚、齐健、王昆、王君宝、王晓、汪军、王存福、杨诗哲、徐硙、闫平、杨维汉、张羽、张芽芽、李萌、张晓松、黄小希、孙铁翔、孙亮全、张志龙、张华迎、张海英、叶健、王晓磊、王思北、朱青、赵丹丹、邹伟、周立民、周立权、周文其、朱青、詹亦嘉、翟永冠（排名不分先后）。

因编者水平有限，书中不当之处，敬请广大读者指正。